思想觀念的帶動者

文化現象的觀察者

本土經驗的整理者

生命故事的關懷者

Master

對於人類心理現象的描述與詮釋
有著源遠流長的古典主張，有著速簡華麗的現代議題
構築一座探究心靈活動的殿堂
我們在文字與閱讀中，尋找那奠基的源頭

衣櫃裡的親密關係：台灣同志伴侶關係研究

Studies on Gay & Lesbian Couple Relationships in Taiwan

作者—謝文宜

{目錄}

敞開心胸，開始這段旅程

謝文宜

從小就一直希望有一天能夠寫出一本書，今天終於圓了這個夢想，感覺還真的有些不真實。回想過去幾年來做同志伴侶研究的過程，總忍不住會憶起祖父生前常說的「做事要順勢而爲」，這本書的產生就是這麼來的。從來也沒想過自己會投入這個領域的研究，雖然一直都對於研究親密關係有極高興趣，但卻在一個很偶然的聊天過程中，有如受到感召般的興起了參與同志伴侶研究的念頭，總覺得這是我能爲同志朋友所做的一點點事情，然後想都沒有多想就興奮地跳進去了！冥冥之中應是老天的安排，我只是聽從了這樣的安排，便從此與許多同志朋友結下很深的緣分，而許多同志的議題對我而言，也從此成爲我生活中極爲關心且盡力支持的一部分。

這本書的完成要感謝的人真的很多，但是最要感謝的還是這一群受訪者們，還有那些可愛熱心幫我牽線找人的同志朋友們（包含同志熱線、女書店、晶晶書庫、同光教會，以及多位主動幫忙轉貼訊息的網友……），當然還有一直很支持且提供許多幫助的二哥 Jerry。沒有他們，就沒有這本書！我衷心地感謝他們對一位不認識的異性戀女性研究者的

包容、接納與信任，邀請我進入他們的生活中，無私地跟我分享他們親密關係中的辛酸與甜蜜，有些還在研究進行的過程中不斷給予我們誠懇的建議，讓我深受感動。我希望這本書能夠讓更多人對於台灣的同志伴侶親密關係有初步的認識與了解，更期待它能夠有拋磚引玉的功效，讓更多研究者願意在這個極少人談論的議題上有更多的著墨。

同時，也要感謝實踐家政教育文化基金會在研究之始對於此計畫的補助，以及實踐大學過去這幾年來給予我良好的教學與研究環境，不但補助校內專題研究計畫（USC 94-05-19801-48），並且予與一年的休假研究，這是本書得以問世的重要原因。本書的各章節過去四年來曾在不同的期刊論文與研討會發表過，包括發表於《中華輔導學報》、《台灣性學學刊》、《東吳社會學報》、《家庭教育雙月刊》，以及在女學會與台灣大學人口與性別研究中心聯合年會、中國輔導學會年會暨國際學術研討會、台灣社會學年會與心理治療與心理衛生年度聯合會，以及擇偶、婚姻與社會變遷學術研討會，進行口頭報告。在這過程中有多位審查委員、評論人、與會專家學者的建議與鼓勵，均令我受惠良多，在此一併感謝。

此外，一位很重要且在這過程中協助我最多的人，就是我的研究助理曾秀雲小姐。從我開始這個研究，她一直是我最佳的助手與拍檔。我常戲稱秀雲是我的經紀人，若沒有她的協助與溫柔的督促，以及陪著我到處去做訪談，頗有惰性的我是無法完成這一切的。也很感謝幾位參與讀書會跟我一

起討論的同志朋友，以及願意跟我合作、給我很好的建議，並一起去加拿大參與ASA報告的好友蕭英玲老師，當然還要謝謝心靈工坊總編輯王桂花小姐和編輯朱玉立小姐的鼓勵與協助，以及美編羅文岑小姐精心設計的封面。最後要謝謝我最親愛的父母以及浩威，一路上也是因為他們全力的支持與陪伴，讓我可以完成這樣一個夢想！

　　這本書或許還有許多不盡理想之處，也還有許多需要再進步的空間，期待讀者們能多給予建議與指教，我會虛心改進。而我還是會持續致力於同志伴侶的研究，以及我能夠給予他們的任何支持，也期待有更多朋友共同加入這個行列。當然最希望的是看到更多同志朋友們能夠擁有他／她們渴望中美好的親密關係，因為他／她們值得！

導論[1]

相較於異性戀者，對同志伴侶而言，面對得來不易的愛情，如同是極地裡的春天，顯得格外地珍惜，且容易以具體的行動積極地展現出對於兩人未來關係的規劃，意即對伴侶關係的經營有著相當的期待。

1　本文編修自謝文宜、曾秀雲（2008）〈跨越性別的框架：異性戀者進入同志研究的反思〉。《家庭教育》雙月刊，14，6-19。

一、走出性別的框

　　過去長期以來，自己在教學、研究與諮商實務工作經驗中，較著重於異性戀伴侶承諾方面的議題，關心著一對對的男女如何發展戀情，並能夠經營一段長久的親密關係。在2003年的一個午後，筆者偶然與一位男同志學生聊起自己的研究工作，突然間冒出一個想法：從事異性戀伴侶親密關係發展研究與輔導工作多年，我們是否有關心過非異性戀伴侶親密關係的經營與發展是如何呢？究竟這些伴侶們是如何共創並經營他們的關係呢？於是筆者開始想到：在坊間我們很容易看到有關於異性戀伴侶關係經營的書籍，談論著男、女大不同，教導異性戀夫妻如何溝通的技巧、親密關係經營的祕訣。但是，在邁向二十一世紀的台灣社會，卻沒有任何專門的文章或書籍是關於非異性戀伴侶該如何經營一個美好的親密關係。那麼，我們何不來做這樣的研究？頓時之間生命就燃起了新的火花與熱情，而進入同志伴侶研究的領域，直到現今。

　　在這段時間裡，國內有關非異性戀伴侶親密關係的社會政策產生巨大的變化，包括2004年起《社會福利政策綱領》與《家庭暴力防治法》[2]的擬定，開始朝向多元價值並存的

2　第三條：「一、配偶或前配偶；二、現有或曾有同居關係、家長家屬或家屬間關係者；三、現為或曾為直系血親或直系姻親；四、現為或曾為四親等以內之旁系血親或旁系姻親。」首度明確將同居關係（包

家庭型態。此一擴大法律中性別概念並納入性傾向的修訂，嘗試去鬆綁一男一女「生理性別」（sex）[3]配對的婚姻形式，以本質論式的伴侶關係作為家庭建立必要條件的界線劃分，彰顯出台灣社會多元價值並存的家庭型態（內政部社會司，2004），已逐漸脫離過去一夫一妻標準家庭的單一模式，婚姻、家庭邊界與親職關係的成員界定，不再立基於血緣的必然關係，進而朝向文化與社會建構論的觀點，著重「社會性別」（gender），即後天、社會文化所形塑的性別差異（張晉芬、林芳玫，2003），甚至走向劉安真、程小蘋和劉淑慧（2002）所謂的「非僵化、固定的、且具有高度多樣化與流動性」的性別角色扮演。而其所呈現出來的性別角色，可能是根據社會價值觀所扮演的角色（D'Ercole, 1996），亦可能是兩個人關係經營中所建構、展現出來的關係經驗（Goldner, 1991），或是以情感的表達來作為區分標準（Bepko & Johnson, 2000）。關注不同性傾向與非異性戀婚姻關係，成為目前婚姻與家庭研究及諮商輔導工作新興的關注焦點。然而，反觀國內學術領域既有的調查研究，長期以來，對於伴侶關係組成與家庭建立的研究討論，多傾向以異性戀伴侶或夫妻為主，忽略了非異性戀家庭的組成，呈顯出學術研究與家庭政策斷裂的現象。

括沒有結婚的男女同居關係與同志伴侶關係），納入家庭成員的適用範圍。

3 「性」多指涉以生物本質為基礎，係指男／女先天上的生理差異（張晉芬、林芳玫，2003）。

面對突破生理性別／社會性別、性／性別認同之間必然連結，逐漸邁向多元婚姻與家庭型態的台灣社會而言，筆者不禁會想：過去國內有關同志的研究似乎多著重於同志身分認同、父母與伴侶關係經營的社會處境（例如：畢恆達，2003；劉安真等人，2002），強調社會的污名化與關係經營的痛苦與掙扎，忽略了關係經營中美好的一面，以及他們究竟是如何經營一個美好的伴侶關係？伴侶關係的經營如果僅有悲情的一面，背負著那麼多的壓力與痛苦，且又被社會所壓抑、禁止、否定的，那麼為什麼還是有許許多多的同志朋友，不斷地想進入這樣的愛情世界呢？而此一愛情生活所呈現出來的姿態，又如何得以作為一種生活的選擇？因此，筆者嘗試著從異性戀婚姻關係的建立，進而跨越性傾向的藩籬，將過去異性戀親密關係的討論經驗與學習延伸至同志伴侶關係經營，重新出發。

此研究一方面為補充國內學術研究的不足；二方面，也希望提供諮商實務工作人員對同志伴侶之情感關係有更多的認識；三方面，亦可作為未來相關研究理論概覽（overview）的參考依據，持續積累本土經驗性研究資料。筆者嘗試以漸進式二階段的研究計畫，對同志情愛交往互動歷程意涵，以及男男、女女親密關係的影響層面，結合質化深入訪談與量化問卷調查。在第一階段的研究設計中，有鑑於親密關係的建立，是由伴侶雙方共同組成，不會完全獨立於另外一半。為避免單就一方、個人自陳式的理解伴侶關係的經營，忽略

了雙方的互動；因此，透過質化深入訪談（in-depth interview）的方式，給予關係中的伴侶雙方同等的發聲機會，以便瞭解伴侶雙方對於關係經營的主觀詮釋與意義，蒐集並分析國內同志伴侶的相識、相知、相戀到彼此承諾互許終身的動態歷程及其意涵。第二階段則進一步歸納整理訪談資料，作為發展同志伴侶關係量化研究的基礎，進行問卷調查，試圖發展出屬於本土同志伴侶親密關係的維持與承諾之歷程。故而，在本書的撰寫與編排中，筆者除了從研究方法的反省以及同志關係經營的認識與再思考作進一步的分享之外，亦收錄了筆者近幾年所發表的七篇文章，將同志伴侶關係經營的田野經驗分為深入訪談與問卷分析兩部分進行介紹。

二、從此岸到彼岸的研究，如何可能？

　　一個單純的發問「我們為什麼不來做這樣子的研究？」作為出發點，但接踵而來的質疑猶如莊子與惠子出遊的對話一般：

> 莊子曰：「儵魚出遊從容，是魚之樂也。」
> 惠子曰：「子非魚，安知魚之樂？」
> 莊子曰：「子非我，安知我不知魚之樂？」
> 惠子曰：「我非子，固不知子矣；子固非魚也，子之不知魚之樂，全矣。」

是不是只有魚才知道魚的快樂？而同志研究是不是只有同志才可以進行研究與討論？如果同志研究並非為同志朋友的專利，那麼作為一個異性戀者進入同志研究領域，成為田野場域中的他者，我們會遇到什麼樣的難題呢？以筆者過去投入台灣同志伴侶親密關係維持與承諾之歷程研究，訪談15對男同志與18對女同志的經驗，在研究之初，我們首先面臨到的難題在於：在研究關係當中，作為一個異性戀者是否要清楚表明自己的身分？而受訪者會不會因為研究者的身分，拒絕參與研究？

當然，不出意料之外，我們確實面對同志朋友的質疑：「你是不是同志？」、「你對於同志的瞭解有多少？」、「你要如何進行這個研究？」、「你做這個研究目的為何？」……畢竟異性戀者終究不是「我們」，缺乏共同戰鬥生命位置的研究者，對於同志生命的血淚辛酸似乎無法有刻骨銘心的體悟。比如說，對於異性戀者而言，男同志在溫泉、三溫暖、或是公共澡堂作為伴侶關係經營第一類接觸的生活經驗，似乎與異性戀知識所堆砌的思維模式格格不入，那麼研究此岸到彼岸的認識如何可能？看似異性戀研究者欲進入同志圈內難以跨越的鴻溝，唯其重要的關鍵在於人的主體能動性；意即人與客觀事物的關係中，重要的是人作為主體的創造與實踐精神。在研究當中，我們思考如何盡可能提高同志朋友在田野場域中的主體性，盡量避免消極、被動地受到以異性戀為主的社會處境所控制。於是在過程中同志朋友的任何質疑都是形塑我們研究的來源，至少是面對研究者的訪談

邀請而非被迫式地接受。相對而言，研究者對於研究對象的
認識亦非決定於「客觀」地以異性戀爲主社會事實的客觀存
在，或是「純粹」研究者人爲的主觀因素。在彼此相互認識
的過程中，誠如Jackson（1989，轉引自夏曉鵑，2002：22）
所說的，唯有我們從自身經驗出發，才能進一步去理解他
人；對此，研究者也必須承認對於同志伴侶親密關係經營的
認識，確實依舊奠基於自身的生活經驗作爲研究之始。

（一）互利的訪談行爲？

　　那麼究竟在同志研究的田野場域，異性戀研究者的進場
是否透過實踐精神的開展，落實了此岸到彼岸的可能性？而
其實踐過程的決定性因素，或許有人會覺得這是一場研究者
與被研究者互利的行爲，被研究者利用研究的資源，嘗試以
各種管道被社會看見其親密關係的正面意涵，未必眞正接受
從研究者思維的此岸試圖認識到研究對象生活的彼岸性。對
此，筆者則認爲研究者與被研究者互利與雙贏的局面，並不
阻礙研究的進行，且社會研究與自然科學研究最大的差異在
於：社會現象的認識與社會事實的建構，源自於研究者端看
與理解的角度，不同於自然客觀的事實可以抽離研究者的角
色，而這也正得以呈現社會研究豐富、多元的面貌。在實踐
過程中，不容否認的，確實有受訪者願意接受訪談是爲了讓
同志伴侶關係經營的正面意涵得以彰顯；但是，訪談重要的
關鍵仍在於「他們憑什麼相信我們？」、「爲什麼相信我
們？」因此，異同之間，從此岸到彼岸，我們亦跋山涉水、

小心翼翼地接受了許多同志朋友的測試，作為判斷我們是否符合訪談者的資格。

記得在2004年的夏天，筆者剛投入田野工作之始，曾有受訪者在訪談之前問我們：「妳對同志的認識有多少？」、「妳知道什麼是Ｔ？什麼是婆嗎？」、「那妳猜我們誰是Ｔ？誰是婆？」當我們戰戰兢兢的回答完所有的問題，受訪者願意進行訪談的時候，這對女同志才告訴我們，如果當下我們回答不出來，或是讓她們覺得我們帶著異性戀的框架要進行訪問的話，她們便會選擇直接走人，不會接受我們的訪問。然而，透過這一次的訪談經驗，提醒了我們，作為一個異性戀者進入同志研究，必須對於欲調查的田野有基本的認識與瞭解，而非「真的」腦袋一片空白。

此外，筆者認為研究者對於研究關係的反省亦非常的重要，究竟在此一場域中，研究者秉持著什麼樣的態度？扮演了什麼樣的角色？在研究關係中，真的「價值中立」地對於客觀的事實進行描述與呈現嗎？還是僅僅只是一個「學習者」的角色，嘗試認真的傾聽、觀察，並向同志伴侶們學習，進而忠實地將自身的觀察與反省記錄於田野日誌與研究報告中？這些問題的反覆思索對於異性戀者進行同志研究非常重要，不但可以幫助我們在田野蒐集資料的過程中確立自己的研究位置，同時亦可以讓我們得以更為坦然地因應受訪者對於訪談的擔心，進而邀請受訪者在訪談之際可以多舉一些日常生活中的例子，並多作一點說明與描繪，以幫助研究者從訪談觀察與經驗感受進行理解。當然在這當中，「研究姿態」

是一個重要關鍵，這是一個研究態度的問題；意即以一位學習者的樣態，謙卑地向同志朋友們學習，在其認識、理解與學習的訪談過程當中，深刻地體悟研究者與被研究者、局內人與局外人的相互性。也就是說，當研究者稟持著尊重、真誠的態度，其實受訪者是感受得到的，並且在他／她們的能力範圍內也會很願意擔任轉介身邊的朋友與資源，協助我們進行資料的蒐集。誠如過去自己的訪談經驗可以訪問到這麼多同志伴侶，無非是透過許多朋友的幫忙，以滾雪球的方式方能達成；其中35歲以上女同志伴侶關係的訪談邀請，更是透過一對女同志伴侶參與一場座談會，當場提出許多問題之後，主動安排一個聚餐活動，提供我們從圈外進入圈內的機會與路徑。

（二）學術關懷與日常生活經驗的斷裂

　　或許有些人會質疑在學術研究當中，整個研究調查、理論詮釋與批判的過程，屈居弱勢的研究對象如同待宰的羔羊，永遠不知道研究者如何從現有理論觀點中對於訪談資料進行詮釋與分析，就像男同志小J在訪談後所提及的擔心一般，「我是在擔心會不會最後得到一些奇怪的結論或論述吧！例如：怎麼樣的父母互動模式容易造成同性戀的產生！」那麼其研究者與被研究者的互為主體又如何可能？

　　　　「教授變成權威來批判檢視，同志朋友往往就
　　像小白老鼠一樣，被研究來、被研究去。研究者在

要進行調查研究時，希望、要求同志朋友可以站出來。但是，當這群同志朋友們站出來之後，這些學者卻用學術的框架與視角去看待他／她們，如此粗糙的手法，往往讓同志朋友無所遁形，對於他／她們所擁有的社經地位、家庭、孩子等，要他／她們如何去面對及處理？這樣的過程當中，研究者的關懷，是真的關懷嗎？還是僅僅只是限於異性戀對於性別理論關懷來研究同志族群？」（小J）

誠如上述受訪對象的質疑，學術研究的理論關懷，倘若從受訪者的經驗抽離開來，缺乏日常生活的實質內涵，充斥著僵化的理論框架，易淪為空洞的對話，最終剩下的只有手段與目的，與受訪對象日常生活經驗產生嚴重的斷裂，無法品嚐到研究中的箇中滋味。那麼究竟如何在研究的過程當中，得以更豐富、更周延地關注與貼近受訪者的日常生活，從訪談內容當中浮現出論述架構，進而流溢出訪談資料的分析形式？對此，筆者認為作為一個異性戀研究者，身處於田野當中宜放下學者應該熟稔任何知識的姿態，遇到不懂的地方嘗試進一步邀請受訪者多講一點，並在訪談中給予受訪者更多的尊重與關心顯得格外重要。對此，我想如何貼近受訪者的日常生活經驗，避免以異性戀的眼光與規範去檢視同志伴侶關係，這仍然是研究態度的問題，而非純粹理論對話與否的問題。

（三）文化優勢的異性戀研究者

至於在訪談資料的詮釋與分析層面，作爲具有文化優勢的異性戀研究者，進入同志研究的田野場域，同志朋友的私生活確實容易往往淪爲異性戀研究者窺視的對象，此一研究關係無論位置是在訪問者／受訪者或是資料的分析者／被分析者，似乎容易呈顯出權力失衡的狀態，進而突顯出如何在其研究／被研究的位置呈顯互爲主體的重要性。對此，在研究過程中，我們則以過去殖民帝國人類學者對於殖民地考察的經驗作爲警惕。畢恆達（1998：34）在文章中亦曾提醒我們，過去殖民帝國進入第三世界國家進行田野研究，彷彿成了此一地域的詮釋者與代言人；直到這些第三世界國家的人民有能力與管道爲自己發聲，才逐漸鬆動了長期以來所謂絕對客觀、中立的知識。那麼在進入田野的研究過程中，究竟我們與被研究者的權力關係應該爲何？筆者同意畢恆達（1998：45）的看法，認爲在訪談與資料詮釋的過程中，研究者往往會強調、並希望自己可以與研究對象維持著平等的權力關係；值得注意的是，過度強調彼此合作的關係，可能遮掩、模糊了研究者可以適時的與研究對象保持距離、隨時帶著記錄離開田野場域的事實，且研究者在訪談結束後，亦對於訪談結果有著極大的權力去界定研究對象的談話內容。

面對此一田野場域中研究者與研究對象權力關係的難題，筆者同意Ribbens（轉引自畢恆達，1998：478）將研究作爲一種社會過程，凡走過必留下痕跡，我們所能做的就是：誠實地面對研究中的各種困難與弔詭。同時，亦嘗試著

從女性主義者對於質性研究方法的反省，避免將受訪者視為「吐出資料的機器」，進而讓受訪者在敘說的同時增能（empowering）、受益，達到互惠與互為主體的境界（游美惠，2003）。在這一段生命相互學習的旅程，我想以真誠的態度、誠實地自我檢視是跨越研究者與被研究者權力關係的不二法門。

此外，究竟作為一個異性戀研究者，稟持著真誠的態度，並且如實地對於訪談內容進行記錄與呈現，在資料的詮釋與分析過程中，是否足以客觀地呈現同志關係經營的社會事實？任何研究者對自身的有限性，恐怕是要維持相當的自覺。對此，援引文化人類學家Mead三毛亞研究一案為例來作說明：

> 「美國人類學家Mead隻身到三毛亞（Samoa）進行了九個月的田野調查，她指出三毛亞社會強調隨遇而安，罕見強烈的情緒反應……澳洲人類學家Freeman於1980年左右重返三毛亞作研究，並出書指責Mead的研究有錯誤……女性主義評論者Warrer認為Mead探尋女人與兒童的世界，Freeman則探尋男性菁英之間的權力關係，這使得他們對於三毛亞的瞭解與詮釋呈現完全對立的局面。」（畢恆達，1998：34-35）

可以看出兩位擁有人類學訓練的學者，針對相同的田野，卻因著各自的性別與其關懷議題視角的差異，呈顯出不同的詮釋與研究結果。那麼究竟Mead對於三毛亞社會的觀察較為符合社會事實？還是Freeman的呈現較為正確？面對豐富、多元的日常生活，作為一個研究者，在其社會事實的建構過程中，必須對於各式各樣的可能性保持著尊重與開放度，並且不斷地對於習以為常的經驗進行自身的反省，而非誰優、誰劣的問題。

（四）跨越研究的性別框架

作為一個異性戀者進入同志研究的場域當中，初步嘗試將同志伴侶關係經營此一私領域的日常生活實踐，提至學術的公領域進行討論，其最原始的動機僅在於：邁向二十一世紀台灣社會戀愛及伴侶型態正積極邁向多元化的發展（從異性戀霸權到同性、雙性戀、乃至更多元的解放），然而國內在學術、政策與諮商輔導工作各個領域，大部分仍侷限於異性戀，有關於非異性戀伴侶關係的經營型態的相關研究付之闕如，因而決定努力在此盡一份棉薄之力。或許有人會質疑以一個異性戀研究者的身分，未能充分體驗其伴侶經營的箇中滋味。但是，在學術研究或是日常生活經驗的學習與體驗層面，筆者認為可分為直接學習與間接學習，倘若今日要從事色情產業研究，研究者亦並非需要真的下海從事這個行業方能體驗與學習。此外，愛情世界被認為是跨越了國族與性別的藩籬，對於許許多多的人而言，不論其背景，終其一生

都在極力地追求眞愛；因此，跨出性別的框架，重新地思考作爲一位異性戀研究者對於同志伴侶關係進行認識與瞭解，似乎翻轉了僅能由同志朋友來從事同志研究與同志諮商實務工作的迷思。誠如D'Ardenne（1999）所說的，從事諮商輔導工作時，關鍵不在於諮商師自身是不是同志，而是「態度」的問題。

三、在極地裡看見同志伴侶關係經營的春天

　　稟持著眞誠、尊重與關心的研究態度，讓我們得以逐步跨越研究性別的框架，進而對於同志伴侶親密關係的經營有多一點點的認識。根據筆者訪談的經驗發現，儘管同志伴侶關係的經營面對著來自法律、社會、家庭與自我認同的壓力，有著較高的社會壓力與較低的選擇性、較高的自由度與較低的分手困難度（Kurdek, 1998），亦不同於一般異性戀者可以外在力量對兩人親密關係做外部強制性的規範。但是，同志伴侶關係經營成功與否，其引人入勝之處則不在於險惡的社會環境作爲外在條件，而是如同Cox（1990）所說的，倘若我們期待美好的伴侶關係，首先，我們必須相信我們的關係是美好的、可以被改善的，並且兩人願意花更多的時間培育伴侶關係。Cox提醒我們在伴侶關係經營當中，如果我們不去經營彼此的關係，關係很快地就會走到了瓶頸，產生困境，即便是兩人分手、換了另一個伴侶，亦是如此，相似的問題仍然會重複地發生。然而，面對這樣的問題，我們卻

往往容易陷入自然主義的迷思（myth of naturalism），以為維持伴侶關係重要的關鍵在於「我們是否選對了伴侶」，似乎意謂著「只要我們選對了伴侶，這個關係自然而然就會是一個好的伴侶關係」，而忽略了伴侶關係其實是會面臨到各式各樣的問題，必須花費時間與精力去經營與維持的。

　　相較於異性戀者，對同志伴侶而言，面對得來不易的愛情，如同是極地裡的春天，顯得格外地珍惜，且容易以具體行動積極地展現出對於兩人未來關係的規劃，意即對伴侶關係的經營有著相當的期待（Kurdek, 1995a）。即便是當關係經營有問題或衝突發生時，同志伴侶兩人嘗試努力的維持這個關係的意願，似乎亦較異性戀者來的高（Metz, Rosser, & Strapko, 1994）。誠如受訪者所說的：「那時候我問自己：『到底我還愛不愛他？』，那時候想想我真的很愛他，可是他為什麼要這樣子？然後我就想說不行，我知道他個性非常硬的……如果我不低頭，跟他說些什麼的話，那這段感情，我覺得那天可能就沒有了。」（Vincent）進而願意以「兩個人要在一起」、「經營穩定的伴侶關係」為前提，暫時放低自己的姿態，以理性討論、辯論、一方讓步的方式來進行溝通（Kurdek, 2003）。

（一）伴侶關係性別腳本（scripts）大不同

　　同志伴侶關係的經營最大的特色在於，伴侶雙方是生理性別相同的人，意即猶如Metz等人（1994）所說的，伴侶雙方擁有相同的性別，在整個社會化與社會學習的過程當

中，彼此有著相同的生活背景，對彼此更能了解，有助於伴侶關係的經營。此外，在過去的訪談經驗中，筆者亦發現：同志伴侶親密關係的經營交織著情人、朋友、兄弟姊妹、家人般的關係，如同Peplau（1982）所強調「角色彈性與互換」的概念，有時就像一樣朋友無話不談，有時就像情人一樣親暱，有時就像家人一樣相互關懷。兩人互動的角色扮演往往根據個人的意願和能力，沒有固定主／被動、照顧者／被照顧者的性別區分與角色扮演，較異性戀者容易選擇一種中性、無固定角色形象的相處模式，顯得更爲自由、彈性與多元，且融合在一起，得以創造出兩人關係維繫的契機。誠如受訪者Derek所說的：

> 「我覺得去分那個也沒什麼必要……兩個人在一起沒必要去分說誰愛誰比較多……我照顧他比較多，可是他體諒我比較多，對我來說體諒就是一種照顧，所以我覺得彼此都要照顧彼此啊！」

　　而其展演出的權力關係亦較異性戀者更具有其延展性與多種的可能性，創造出更爲平權的伴侶關係型態。

（二）「去性別化」的家務分工
　　在性別分工的討論上，過去的研究往往關注於男／女、先生／太太角色分工所造成的性別階層，及其展現其性別權力。例如：在傳統「男主外，女主內」、「男尊女卑」性別

刻板印象底下，在多數的台灣家庭普遍認爲男性／丈夫依然還是主要的家庭決策者，女性／妻子在家庭內的角色決策地位並不伴隨其就業有所改變（呂玉瑕，1983），即便在現今的台灣社會，性別平權意識已爲多數人所接受，但家務勞動與照顧子女的責任仍普遍落到已婚女性／妻子身上（唐先梅，1998；莫藜藜，1997；張晉芬、李奕慧，2007）；而「家庭主婦」角色的扮演更被看成是低位階、單調無變化的工作，且在經濟上是從屬、依靠於丈夫，透過男性／丈夫的幫忙則可以間接地減輕、解除女性／妻子的工作，甚至在家務分工上區隔出「男人的事」、「女人的事」（張晉芬、李奕慧，2007）。

　　然而，對於單一生物性別的同志伴侶關係經營而言，何以爲「男人的家事？」、「女人的家事？」對此，我們不禁感到好奇，同志伴侶家務分工是否應以1／0／both、哥哥／弟弟[4]／姊姊／妹妹[5]、T／婆（Tomboy／P）／不分

4　哥哥（葛格）是指男同志伴侶關係角色分類偏向主動照顧人的那一位。弟弟（底迪）是偏向接受照顧。目前也有「不分」的伴侶關係，原出現在女同志文化中的名詞，字面上可以解釋爲「不被分類」或「難以被分類」，後來此概念也被男同志沿用在伴侶關係（哥哥／弟弟）與性行爲（1／0）的分類與認同上，「不分」的伴侶關係是指：不願被分類或兩者皆可，各種角色都可能依不同情境而互換（台灣同志諮詢熱線協會，2004）。

5　「姊妹」係指男同志圈內具有陰柔氣質者，其中年紀較大喜歡照顧別人者，則在被細分爲「姊姊」，年紀小、看起來年輕稚嫩者被稱爲「妹妹」，但是由於近年來姊妹的被污名，除了少數性別觀念進步者或

[6]、主／被動、照顧者／被照顧者／不被分類的性別區分與角色扮演加以區分。根據過去訪談的經驗發現同志伴侶關係在家事分配上,特別強調角色的彈性與互換,猶如受訪者的描繪:

> 「我如果可以洗的話,那我就會說『那我洗!』那如果不行的話,就看你[指伴侶]可不可以洗?不行的話,那我們就去,拿去外面去洗!……對啊!沒有很多的家務!」(阿發)

> 「沒有刻意的去分!我們家……嗯!看誰有時間就比較……像譬如說怎麼洗衣服、晾衣服?就比較我會做,煮菜、煮飯……就是簡單……不會很複雜的啦!煮麵啊、水餃啊!……那些都是我做。然後,他[指伴侶]就會比較就會整理衣服、疊衣服啊!」(Ken)

自我揶揄外,多數的男同志還是通稱自己為「哥哥」或「弟弟」(賴正哲,2005:101-102)。

6 T是「Tomboy」的簡稱,指認同、行為、氣質或裝扮較為陽剛的女同志。而P、婆則是指認同、行為、氣質或裝扮較為陰柔的女同志。「不分」是近年來台灣女同志圈內的新興名詞,其定義包括:1、女生愛女生,不用有T／婆之分;2、本身的氣質就是在T與婆之間,不能歸類;3、愛戀或慾望的女生較為多元化(台灣同志諮詢熱線協會,2004)。

其伴侶關係經營跳脫傳統僵化的性別腳本，何謂「男人的家事？」、「女人的家事？」，其家務分工的區分方式則依照彼此的喜好、個性、專長、特質、時間與公平性，透過協商與討論，形成彼此的互動分工模式，呈現出豐富、多元的樣貌（畢恆達、吳昱廷，2000；蔡宜珊，2006；McWhirter & Mattison, 1984），不同於傳統父權家庭中性別分工，認為女性容易將家務工作歸為自己的職責（Blumstein & Schwartz, 1983; Kurdek, 1993）。

四、本書內容與章節介紹

誠如上述，從研究的角度進入到對同志伴侶親密關係經營的認識，可以看見在同志圈子裡面，要找到一位彼此相對眼，我也喜歡他、他也喜歡我的人，然後又覺得兩個人相處是很愉悅、很快樂的，是一個多麼不容易的緣分。在關係的經營中，同志伴侶似乎較異性戀者容易有更高的意願相信我們的關係是可以改善、可以更好的，並且用力捍衛著自己對於愛情的執著，用心經營走過的感情路。在面對多元、豐富的伴侶關係，同志伴侶似乎雙方在權力關係上，鬆綁了性別角色的界線，較異性戀伴侶容易強調平等的關係，分享彼此的權力（Kurdek, 2003）。故而，在本書的寫作上，筆者嘗試從深入訪談作為出發，以呈現同志伴侶主觀的生活經驗及豐富的動態交往歷程，再以量化的問卷調查進行同志與異性戀伴侶關係經營的比較分析，進一步澄清、瞭解同志伴侶關係

組合與家庭建立，不但可補充現有學術領域相關研究與認識的不足，提昇積累同志伴侶關係經營與家庭建立經驗性研究資料，建構出豐富的理論觀點，拓展學術上視野，並且在國內親密關係研究中扮演開創性的角色，平衡學術研究與國家家庭政策的落差。

首先，在第一章〈同志伴侶親密關係發展的挑戰與因應策略〉[7]中，主要以同志親密關係發展身處社會脈絡所承受的污名與面臨的挑戰做為起點，歸納出本土同志伴侶關係經營時所面對的問題，即法律、社會、家庭與個人等多面向的交互影響，涉及了不同力量的相互拉扯、角力、辯證與衝突。然而，為降低對伴侶關係的影響，同志伴侶在其親密關係的經營與互動中，亦發展出兩人抗壓與爭取認同的因應策略，包括：（一）以承諾典禮的形式劃分伴侶界線，延伸「親戚關係」的概念，重構社會網絡，形塑特有的共生族群意識。（二）伴侶關係相互扶持，交織著朋友、家人般的關係，創造共同的經驗與回憶，開展兩人關係維繫的契機。（三）逃避隱瞞，以地理作為區隔，單身作為訴求，並對父母親進行反哺教育，爭取同志情慾流動的可能，以延續兩人得來不易的愛情。

7　本文編修自謝文宜（2006）〈台灣同志伴侶親密關係發展的挑戰與因應策略〉。《中華輔導學報》，20，83-120。

第二、三章聚焦於「台灣同志的擇偶路徑」[8]的討論。第二章〈同志尋找伴侶管道的轉變〉嘗試從將個人尋找親密關係建立的管道，放在社會—歷史發展的時空脈絡中進行理解，以呈顯不同時期的社會風氣如何影響私人親密關係伴侶的選擇管道，作為同志伴侶關係建立的前理解基礎。在15對男同志與18對女同志的交往經驗發現，90年代以後，伴隨著社會變遷與電腦科技的進步，網際網路逐漸取代實體空間的紙筆通訊交友方式，成為重要的傳播媒介，逐步打破過去同志間相互聯繫的時空限制。另外值得注意的是，2000年以後，儘管同志尋找伴侶的管道日趨多元與分眾化，呈現出世代的差異；但礙於同一性別的伴侶組合，未能以外在生理性別作為伴侶身分的辨識，多數同志傾向以網際網路、第三者作為介紹，或以同志社群聚集之處作為關係建立的主要管道，免除身分辨識的困擾。至於男、女同志尋找伴侶管道的差異，本章則從情慾空間、地緣性鄰近性、人際資本三個層面進行比較分析。

　　第三章〈同志伴侶的擇偶偏好〉主要透過15對男同志與18對女同志的交往經驗作為出發點，探討究竟什麼原因得以讓同志願意離開獨身狀態，選擇進入一個承受社會污名

8　本文編修自謝文宜、曾秀雲（2008）初探同志的擇偶路徑。發表於2008年擇偶、婚姻與社會變遷學術研討會。台北：國立台北教育大學。2008年7月9日。

的伴侶關係？其擇偶條件為何？並相互對照性策略與社會交換理論的擇偶偏好論述，作為同志伴侶關係建立的前理解基礎。研究結果發現：（一）同志伴侶關係的建立，面對未來的無法預測性，無論是積極地為了避免將來的後悔、無法克制要求自己、強調關係的建立在於傻勁與衝動，或是消極地「走一步、算一步」，均意味著伴侶關係組成與建立所帶來的報酬大於獨身狀態。（二）在性策略擇偶偏好上，同志對於伴侶外在形式的擇偶偏好看似與異性戀者無異，但事實上，就其擇偶的實質內涵，同志未以生物性的生育繁衍作為伴侶交往前提，其審美內涵與標準隨多元化的性別角色，呈現出更為豐富且異質的樣態，與異性戀者強調生物性的性策略觀察意涵有所差異。（三）在社會交換理論的層面，同志與異性戀擇偶市場中可交換的資源並無性傾向的明顯差異（包括年齡、經濟、個人外在形象、內在特質與社會條件等），二者主要不同之處在於，同志低度的外在社會支持、高度的自我認同，以及彈性且「去性別化」的角色分工。

　　第四章〈女同志伴侶親密關係發展歷程之研究〉[9]分析10對固定交往1年以上的女同志伴侶深入訪談資料，進一步從相識、相熟、到伴侶關係經營與維持三階段，探討女女之間親密關係建立的可能性，彰顯出女同志伴侶親密關係發展

9　本文編修自謝文宜（2008）〈看不見的愛情：初探台灣女同志伴侶親密關係的發展歷程〉。《中華輔導與諮商學報》，24，181-214。

的動態歷程，以及其伴侶關係經營的特殊性（包括：呈現若隱若現、純粹而黏膩的伴侶關係、多元彈性的性別角色）。其女同志與異性戀者伴侶關係：（一）相似之處在於，女同志在伴侶關係發展三階段與異性戀婚姻市場中社會交換論的投資模型無異，即便面對兩人不同生命週期的差異，亦努力學習接納對方，謀合出兩人互動的溝通模式。（二）相異之處則礙於一般日常生活的社會規範排除了非異性戀伴侶關係，女同志關係發展相識階段，便面臨不知如何進行表白的不安與掙扎，其若隱若現的伴侶關係經營，更加深彼此的不安全感。同時，亦因為高度的期待，引發對於關係高度的注意與緊張，呈顯出女同志純粹且黏膩的伴侶關係，以及追求平等關係的氛圍，共創角色扮演的彈性協調，作為雙方對抗外界的反應。

　　第五章〈從同志伴侶關係經營的衝突處理談權力關係〉[10]討論8對男同志、12對女同志伴侶的衝突處理歷程，筆者嘗試從性別角色與文化規範進行檢視，進而延伸其伴侶關係經營的權力關係，探究其互動的微妙差異。研究結果發現：（一）在衝突議題上，不同於異性戀夫妻，面臨夫家財產、從夫居、與子女等衝突議題，彰顯出同志伴侶衝突議題關注於兩人互動的純粹性。（二）在衝突處理方式及結果上，同

---

10 本文編修自曾秀雲、謝文宜、蕭英玲（2008）〈從同志伴侶關係經營的衝突處理談權力關係〉。《東吳社會學報》，23，71-106。

志伴侶關係經營抽離了「生理性別」的差異，較異性戀者更容易產生高比例的可協調性，並且以「要在一起」為前提，朝向兩人溝通為目標，進行討論與協商，創造平等的伴侶關係型態。（三）在性別角色與權力分配層面，相較異性戀者，同志伴侶雙方擁有相同的社會化經驗，在其關係經營的角色扮演與資源分配上，有助於彼此的相互瞭解，更能呈顯出更為平等、多元、有彈性的性別角色扮演，進而彰顯出同志伴侶權力分配的流動性。

第六章〈同志伴侶親密關係承諾維持之初探性研究〉[11]起開始進入量化研究的範圍。本章作為台灣第一篇以問卷調查方式的蒐集資料，初步嘗試跨出過去以傳統質性訪談的方式進行同志伴侶關係研究，透過網際網路、社團、朋友介紹等立意取樣，兼以滾雪球的方式找出目前已經交往6個月以上的同志伴侶218位，呈現二十一世紀台灣社會戀愛與伴侶型態的多元化發展。在男男、女女同志伴侶承諾維持影響因素的多元迴歸分析中，其研究結果驗證Rusbult的投資模型。

第七章〈已婚夫妻、未婚情侶與同志伴侶關係之比較研

---

11 本文編修自謝文宜（2005）台灣同志伴侶親密關係承諾維持之初探性研究。發表於2005台灣社會學年會「台灣社會與社會學的反思」學術研討會暨90-92 社會學門宏觀社會學專題計畫成果發表會。台北：國立台北大學。2005年11月20日。

究〉[12]嘗試從多元的伴侶關係與家庭型態，對於388位已婚夫妻、400位未婚男女與218位同志伴侶關係的經營進行問卷調查比較分析，嘗試探究其不同伴侶關係型態的異同之處，呈現伴侶關係與家庭型態的豐富性。其研究結果發現，無論是已婚夫妻、未婚情侶或是男、女同志伴侶，其價值觀相似度、自我揭露、信任與愛的投入程度愈高，衝突頻率與外在其他可能對象之吸引力愈低，關係滿意度亦會隨之愈高。若從異性戀與同志伴侶關係的差異性檢定來看，以女同志伴侶最為重視伴侶關係的自我揭露、信任、愛與關係滿意度。

第八章〈同志伴侶諮商輔導實務工作的省思與建議〉[13]綜觀過去的研究經驗與筆者自身的諮商輔導實務工作經驗，嘗試從相互信任的諮商關係、伴侶關係經營、角色扮演與性別差異三大面向，提出十點具體的建議：（一）諮商輔導工作者的認識與瞭解。（二）諮商輔導工作者的自我覺察。（三）完全接納與尊重的態度。（四）關係經營的特殊處境與身分認同危機。（五）重新檢視同志擇偶的意涵。（六）伴侶關係的發展階段及其個人生命階段。（七）不同世代生

---

12 本文編修自謝文宜、曾秀雲（2007）〈探討伴侶關係滿意度及其相關因素：比較已婚夫妻、未婚情侶與同志伴侶的差異〉。《台灣性學學刊》，13（1），71-86。

13 本文集結、並編修過去發表論文有關於「諮商輔導實務工作」之建議。

命歷程的異質性。（八）性別與去性別化的角色扮演。（九）男同志伴侶的權力與競爭關係。（十）女同志伴侶的高度依賴問題。

五、本書的研究限制與建議

（一）研究限制

作為同志伴侶關係經營的初探性研究，礙於國內同志長期以來的污名身分，研究對象極少曝光的特殊身分，社會上恐同[14]（homophobia）的刻板印象，使得本研究受訪對象不易尋求，加上學術界對於此一議題的忽略，未能有系統地記錄同志伴侶關係建立的多元風貌。本書目前所蒐集的資料亦僅能就目前可及的文獻資料、質性訪談經驗與調查訪問進行彙整工作，呈現同志伴侶關係建立與經營的風貌之一，無法推論至所有不同類型的同志伴侶關係，或處於探索同志身分階段未能自我認同的伴侶關係。其中本書的研究限制包含以下幾個部分：

1.研究對象

在質性訪談資料蒐集的部分，本書在訪談設計與邀請之初，以交往6個月以上、且兩人共同參與訪談的同志伴侶作

---

14 Homophobia，同性戀恐懼症，指厭惡同性戀的心理，對同性戀抱持偏見（賴鈺麟，2003：9）。

為徵求的對象，致使在研究對象的選取上，進而呈現出穩定交往伴侶關係的典型；當然，相對地亦間接地排除（1）已經分手、分分合合的伴侶關係；（2）害怕自己所呈現的伴侶關係讓研究者有負面看法，造成研究者對同志伴侶關係經營產生誤解，甚或擔心關係穩定度不夠，因而不敢參與研究；（3）未能涵蓋同志交友網絡中追求性關係與一夜情的族群，以及多邊關係、短時段關係經營等各樣的伴侶型態，甚或家庭中隱而未現暴力衝突，以及青少年同志與不再是花樣年華的中、老年同志的交往經驗均未能涵蓋。故而，本書的調查研究結果可能呈現出高學歷、符合社會規範、「中產階級式」的伴侶互動型態，有待未來研究拓展其樣本的異質性。

此外，特別值得一提的是，根據本書的訪談資料顯示，約有八成的受訪者強調，自己與伴侶雙方其實是期待「性愛合一」、「一對一」。然而，本研究訪談資料的蒐集過程中，亦發現同志伴侶關係的建立涉及「性關係」作為擇偶的重要一環，認為伴侶關係的建立重要的是兩人性關係是否得以契合，兩人之間是否可以相互適應彼此身體的接觸，或像受訪者小秦的經驗一般，認為從過去自己作為一個異性戀男性，交往2、3位女朋友，到進入男同志伴侶關係的建立，重要關鍵在於「肉體上面的接觸」（小秦）。但本書的研究資料礙於蒐集不足，未能對於此一議題進行深入且完整的討論，實為可惜。

為期半年左右的問卷調查資料蒐集，筆者透過社團與人

際網絡的轉介，以及海報的張貼、活動的舉辦、網路留言，並輔以Email與電話諮詢，與受訪者接觸聯繫，接觸各種可以尋找受訪者的可能性，希望可以發揮拋磚引玉的功能，作為華人社會同志伴侶關係經營研究的基礎。然而，在218份的回收問卷中，（1）雖然北、中、南、東各有其受訪對象，但多數的受訪者仍以台北縣、市居多，且較為缺乏50歲以上中、老年的同志伴侶資料，受限於受訪對象的居住區域與年齡分佈過於集中，尚無法對不同居住區域與不同年齡層的同志伴侶，進行其關係發展模式的比較分析。（2）在教育程度方面，由於受訪對象集中於大學畢業（佔六成以上），以高學歷樣本偏多。因而，在研究推論上，只能解釋教育程度專科畢業以上的同志伴侶承諾維持的影響因素，易形成取樣上的偏誤，無法全面性地呈現教育程度偏低的伴侶關係。（3）受限於樣本不易尋求，運用採滾雪球非隨機抽樣的結果，有效樣本以女同志佔三分之二，男同志僅佔三分之一，呈現問卷回收上性別比例懸殊的窘境。

2. 研究議題

在資料的蒐集過程中，由於本書的調查研究主要聚焦於親密關係形成與發展歷程；因此，無法周全地顧及到親密關係中所有面向（例如：忽略有關於權力的運用，甚至於暴力、彼此相互強迫等等層面），未能在一次的調查研究中進行全面性地呈現。此外，礙於研究對象未能如同Slater（1995）得以訪問到中、老年，甚至是65歲以上的同志伴

侶；因此，在親密關係的討論上未有足夠的資料依據家庭週期呈現不同週期的伴侶關係。

（二）研究建議

筆者嘗試根據自己這幾年的訪談經驗，提出幾點建議以供未來研究參考：

1. 在研究方法層面

在研究方法上，有鑑於本書資料蒐集的方式，不分質性訪談或問卷調查均屬橫斷性研究，結論係根據受訪者的主觀回憶所進行的歸納整理，未能長期追蹤同志伴侶的整體關係歷程變化；故而，（1）無法有效地追蹤瞭解其伴侶關係經營的樣態，究竟仍有多少伴侶至今仍持續在關係當中？有多少伴侶選擇離開？（2）Gottman, Levenson 和 Gross 等人（2003：25）亦提醒我們，問卷調查的自我認知與覺察及在實驗室中的觀察，其研究結果的差距高達五成。因此，建議未來研究可運用不同的研究方法，包括貫時性（longitudinal study）的資料蒐集或錄影觀察法（video taped），檢視同志伴侶關係經營的時序變化，以揭開其伴侶關係經營神祕的面紗，破除社會的刻板印象，拓展一般社會大眾對其伴侶關係經營的認識。在研究對象上，亦可嘗試擴大男同志與女同志的樣本蒐集，能更為細緻地僅針對男同志，或是女同志，進一步對其個人親密關係經營的經驗進行調查，非受限於目前穩定交往 6 個月以上的伴侶關係分析，以形構出更為豐富且

多樣化的同志伴侶關係。

2. 在研究對象層面

（1）拓展同志伴侶受訪樣本的異質性

自2004年開始接觸同志議題至今，筆者根據調查發現同志人口的分佈，無論從年齡、地域、職業、社經地位及族群來說都是極為平均；也就是說，同志人口並不會集中特定的社會階層或族群當中。這樣極為廣布的人口分佈，意謂著我們不能將「同志」視為同一個「單數」的群體，必須注意到其中「複數」的異質性。然而，對研究者而言，我們不可能在一次的研究中，周全地顧及到所有不同社會脈絡下的同志族群。因此，有鑑於研究可能性的限制，筆者也提醒讀者，本書的研究經驗所邀請的訪問對象主要以台北市都會型的青、壯年同志伴侶為主，受訪樣本集中於都會生活脈絡底下的同志，他（她）們共同的社會背景包括：人際間高度的匿名性（anonymity），承受相對較少的社會壓力，即便是面對原生家庭父母親與親戚朋友的關心，也較容易尋求同志社群，形塑支持的社會網絡。

此外，筆者亦發現，在親密關係社會處境的行動策略上，又以南部北上讀書或工作的同志更為展現「都會型的青、壯年」親密關係經營的樣貌，例如：更可採取以空間換取時間的方式，甚至以異性戀身分作為一種護身符，逃避與隱瞞。對此，筆者建議在未來研究上，宜拓展非一對一伴侶關係、非都會型、中老年、低社經地位，甚至於原住民的同

志伴侶的受訪樣本，增加受訪樣本的異質性，針對城鄉差異、不同年齡層、不同種族、不同教育程度、不同型態的伴侶關係（有婚姻經驗或育有子女的同志伴侶），以及中、老年的同志伴侶關係發展進行比較分析，呈現國內同志伴侶親密關係發展更多元、更豐富的面貌。

（2）對於伴侶關係經營進行對偶分析

　　有鑑於異性戀伴侶關係是由一個男生、一個女生所組成的，而同志伴侶關係則是由兩個男生，或是兩個女生相同性別所組成。倘若如同利翠珊（2000）研究所指稱的，認爲異性戀女性的高自我揭露度、低信任與低的愛情投入程度，是由於高度的付出與期待，所引發高度失落的結果，那麼有趣的是，當兩個女性在一起生活時，是否也應該對於自己與彼此有著高度的期許，致使關係經營更爲不易？因此，建議未來研究可採配對研究，同時蒐集與分析伴侶雙方的資料，並拓展樣本數，對於性別與性傾向的差異進行交互比較，方能對於伴侶關係的互動型態有更爲精準的掌握。

3. 在研究議題層面

（1）進行不同學門的反思

　　就像受訪者阿輝所說的：

　　　　「當你看到有一對坐在你面前已經10年的人，你真的會感動，無意識中你就會覺得相信可以這樣

走下去，那個是差很多的。」

據此，筆者認為在學術研究層面，同志伴侶親密關係，宜透過不同領域、學門的理論反思，跳脫社會污名與僵化的性別腳本，開展各種不同的角度與方法進行研究，呈現真實的實徵經驗資料，作為教育與立法的基礎，不但可以真正落實法律的擬定，改變我們原本對於傳統「家庭」概念的想像，建立起多元家庭的樣貌，幫助陷入戀情中的同志伴侶發展自我肯定的正面認同；同時，亦可以健康、積極地經營、改善兩人的親密關係。

(2) 擴展研究的議題

至於在研究議題的拓展上，面對關係以外的性吸引力，本研究有超過半數的男同志伴侶都經歷過「默許、容忍對方發生關係以外的性活動」事件，與女同志強調「一對一」的伴侶關係有極大差異，突顯出男同志較女同志伴侶更能容忍關係以外的性行為（Kurdek, 1991）。但是，究竟性關係開放與封閉的態度是否影響其擇偶條件與擇偶對象的挑選？期待未來研究可以「性關係的多樣性」為主題，繼續延伸此一議題的討論。此外，有鑑於《家庭暴力防治法》的修訂，包含了同志伴侶關係；故而，在關注同志伴侶關係經營的權力變化，在個人層次上，可以針對個人面對衝突時，如何自處（包括：如何進行情緒管理），避免衝突的延續；在關係經營的層次上，可以第五章〈從同志伴侶關係經營的衝突處理談

權力關係〉作爲同志伴侶衝突處理初步認識的圖像與前理解基礎，進一步針對分手或是同志家庭暴力等議題進行討論，呈現國內同志伴侶權力的運用與彼此相互影響的可能性。

第一章

同志伴侶親密關係發展的挑戰與因應策略[1]

David說：「既然我們不是被納入那樣的體制裡面，那也就是說我們可以自由自在去創造我們所要的一個模式跟空間」。

1　本文編修自謝文宜（2006）〈台灣同志伴侶親密關係發展的挑戰與因應策略〉。《中華補導學報》，20，83-120。初稿曾發表於2005年中國輔導學會年會暨國際學術研討會。台北：國立台灣師範大學。2005年11月19日。

一、緒論

從1995年開始，「同性戀人權促進小組」初步針對同志婚姻合法化的議題進行問卷調查，報告指出有四成同志渴望與伴侶結婚，以交換戒指、公開宴客的方式宣示對彼此的承諾（梁玉芳，1995）；2003年「同志人權協會」更進一步公布「台灣同志權益政策」[2]票選，指出同志最希望達成的權益第一名爲「推動同志婚姻合法化」，第二名爲「力促同志伴侶法通過」，第三名爲「爭取同志可組成家庭，並領養小孩」（梁欣怡，2003）；2004年出現了台灣第一家同志婚紗攝影公司；2005年則翻譯出版了第一本同志伴侶諮商的書籍；2007年3月28日公布修正《家庭暴力防治法》家庭成員的概念，首度納入未婚男女同居關係與同志伴侶關係。透過以上資料，可以看出近10年來，伴隨著多元情慾的發展，親密關係的概念不但打破了傳統一夫一妻的社會規範，亦鬆動原本對於兩性交往方式，跨出原有的框架，延展出多樣化的面貌，益發彰顯出國內男男、女女同志族群日漸勇於表現自身的情感需求，以及親密關係實務工作上的迫切性。

然而，檢閱國內研究文獻則發現，長期以來，由於既有的社會知識型態仍停留在傳統異性戀婚姻體制的刻板印象，

---

2 2003年年初至6月份進行，分別從同志社群活動、空間，平面、網路等媒體管道，收集1978份有效問卷，調查對象有80%同性戀、16.6%異性戀（梁欣怡，2003）。

因而在親密關係的探討上往往忽略了非異性戀、不同情慾主體的論述與實踐面貌。即便是同志議題的相關研究，其論述的主題亦主要集中在愛滋病毒流行病理學的衛教諮商與身分認同的性別政治，所探討的問題，多半偏向同志的認識與介紹、澄清社會對愛滋病的刻板印象、洗刷社會的污名；透過校園輔導Q＆A，解答性別認同的問題；記錄同志運動發展史；批判異性戀體制對同性戀者的壓迫，嘗試建構同性戀文化（例如：李忠翰，1998；吳瑞元，1997；林賢修，1997；倪家珍，1997；張娟芬，1998；畢恆達，2003；郭麗安，1994；魚玄阿璣、鄭美里，1997；彭懷眞，1987）；以及從時間、空間的時序脈絡分析探討身分認同、性別政治、社會的恐同污名的澄清。

　　至於在跨越異性戀單一思考模式的同志情慾相關論述更可說是麟毛鳳角，僅有張銘峰（2002）、莊景同（2000）與陳姝蓉、丁志音、蔡芸芳和熊秉荃（2004）爲代表，試圖從同志個人的生命故事自我述說（self-narrative）來呈現男男、女女情慾流動過程。其餘在過去國內的相關論述與研究調查資料中，例如：孔守謙（2000）、台大女同性戀研究社（1995）、吳昱廷（2000）、張娟芬（2001）、莊慧秋（1991）、廖國寶（1998）、鄭美里（1997），同志伴侶的親密關係多被視爲生命歷程與身分認同階段的其中一部分，其研究的趨向亦較著重於個人自陳式的經驗分享，同志伴侶關係的介紹亦多以單篇或專題式的文章呈現，零星且片段地散落

在同志生活、生命歷程、身分認同與現身（come out）、[3]同志運動、情慾空間的流動……等各個不同領域的探討與文藝作品當中。

　　整體而言，僅有Greenan和Tunnell（丁凡譯，2005）、郭麗安和蕭珺予（2002），以及林志清（2007）、商予愷（2007）、張歆祐（2006）、趙曉娟（2006）等碩博士論文曾試圖從諮商輔導和同志伴侶關係發展的角度，嘗試呈現親密關係經營與互動的豐富內涵。相較於國外研究以實驗室錄影觀察、問卷調查、個別或伴侶共同訪談等方式，對男同志、女同志伴侶關係進行分析與詮釋，甚至比較同性戀與異性戀伴侶之間在面對衝突與關係經營上的差異（例如：Gottman, Levenson, & Gross et al.,2003; Gottman, Levenson, & Swanson et al.,2003; James & Murphy, 1998; Julien, Chartrand, Simard, Bouthillier, & Begin, 2003; Kurdek, 1995a ; McWhirter & Mattison, 1996; Ossana, 2000; Patterson, 2000），國內研究顯得極為有限、空洞且不足，缺乏對其伴侶關係的認識，彰顯出學界與諮商輔導工作者對同志生活世界內涵的陌生。

　　因此，為補充國內學術領域相關研究的不足，並希望提供諮商輔導實務工作者更多的參考依據，本章參照過去國內外的研究成果，佐以質性田野訪談資料，透過20對同志伴侶的發聲與自我詮釋，從鉅觀的社會結構層面出發，藉由多

3　Come out，出櫃，同志向他人表明其性傾向時，稱「走出衣櫃」（come out of the closet），簡稱「出櫃」與「現身」（賴鈺麟，2003：9）。

元的呈現，思索華人社會特殊的社會處境，檢視國內同志伴侶關係身處社會脈絡所承受的污名與面臨的挑戰，探討其伴侶關係經營與維持的因應策略，開展其伴侶關係承諾維持的豐富面貌。

綜合上述，本章從同志伴侶親密關係發展所面臨的挑戰與行動模式出發，釐清台灣社會恐同污名對同志伴侶交往關係中所造成的影響，提供未來相關研究理論概覽的參考依據，以補充國內現有研究與認識的不足，並奠定學界在同志伴侶親密關係研究上的基礎，以提昇積累本土性經驗性研究資料。

二、研究方法與對象

本章透過質性研究深度訪談的方式，給予關係中的伴侶雙方同等的發聲機會，以便瞭解伴侶雙方對於關係經營的主觀詮釋與意義，蒐集更多、更豐富的資料，展現伴侶關係互動的意涵。

（一）研究對象

在受訪對象的邀請上，筆者亦顧慮到同志身分未能普遍地讓社會大眾接受，屬於隱密、較少曝光的部分；加上社會上恐同污名的刻板印象，使得同志的現身往往被視為挑戰社會道德的尺度，必須付出相當大的代價。因此，筆者初步透過網際網路、社團、人際網路介紹，以滾雪球的方式，轉介

受訪對象，尋求肯定本研究重要性，願意分享個人經驗，並且目前正經歷同性情愛關係，固定交往半年以上的同志伴侶作爲選定的標準。爲顧及世代的差異，避免以大學生或是剛畢業的學生爲主，無法完整地呈現男男、女女同志伴侶關係經營的困境及其行動策略，所以筆者盡可能地擴大樣本的異質性，尋訪不同背景、不同年齡層的對象，共計男／女同志伴侶各10對。

在20對的受訪對象中，年齡的分佈從20至42歲之間，成連續分佈，平均男同志31歲，女同志平均年齡32.6歲；職業類別含括公、教、工、金融、傳播、出版、電子、服務業，及在學與畢業待業中的學生；教育程度分佈在高中職到研究所之間；交往時間男同志伴侶約平均4年，女同志伴侶則約平均交往4年8個月（詳見附錄一），有16對伴侶目前住在一起，其中有1對伴侶曾經有過異性戀婚姻的經驗。

（二）研究程序

在訪談的邀請工作上，從2004年6月至2005年6月，進行了長達1年的時間。筆者首先透過邀請函說明研究主題、研究動機與目的，並在邀訪的過程中，詳細說明訪談流程，回答受訪者的疑慮，最後在徵得受訪者的同意之後，才進行約訪的工作。而爲了使訪談工作可以進行的更順暢，在訪談進行之前，每位助理均經過訪員訓練，並參與投入研究案每週一次的討論會議。在正式的訪談時，由筆者與1位碩士級

的助理一起進行訪談工作。

在訪談程序的進行上，為避免伴侶雙方不同的生命際遇、主體意識，以及面臨不同的社會壓力，導致其認知、詮釋方式各有不同，產生伴侶雙方意見相互干擾的情形，故採二階段半結構式的深度訪談。第一階段為伴侶共同接受大約1小時訪問，第二階段則分開進行約1.5小時的個別訪問，前後訪談時間從2.5小時至到5、6個小時不等。其訪談內容主要包括：

1. 在交往的過程當中，有沒有發生什麼樣的事件影響您倆的關係？當時的問題如何獲得解決？

2. 那您的親友知道您倆的關係嗎？他們反應為何？你／妳們如何應對？

3. 面對整個社會大環境的恐同污名，是什麼樣的因素促使您倆願意在親密關係的經營上有更多的付出？您覺得您倆維持關係的秘訣為何？

（三）資料分析

訪談結束後，本章採以下幾個步驟來進行資料的分析工作：

1. 筆者於訪談結束後，立即以訪談錄音轉謄逐字稿的方式，詳細地檢視轉錄資料。同時，亦依據訪談時的同意書內容，將轉謄資料寄給受訪者以確認內容的可信度。

2. 再依據受訪者的回答進行類屬的命名，對原始資料進

行初步概念化的工作。

3. 並以研究問題為導向，歸納相同概念，經由反覆的資料檢視過程，配合訪談記錄，整合同志伴侶訪談資料，相互對照共同與個別訪談內容，以進行分析工作。

4. 為避免個人主觀看法影響資料分析的效度，筆者亦進一步與投入本研究案的同仁共同分析訪談的內容，且於每週一次的會議中提出，針對不同看法處進行討論與修正，力求較為客觀的方式來呈現訪談內容。

5. 最後，再將資料分析結果與受訪者一起分享，並對於訪談內容的呈現進行澄清。

此外，筆者在資料分析的呈現上，為避免過度去脈絡化，保留了些許訪談中伴侶雙方的對話內容，試圖彰顯男男、女女伴侶關係經營所面臨的挑戰及其行動策略，作為同志伴侶親密關係研究論述與實務工作對話反思的基礎。

三、研究發現

由於同志伴侶關係身處於特殊的社會處境中，致使其親密關係的發展面臨了鉅觀與微觀兩個層面的難題，涵蓋社會處境（包括法律規範、社會的刻板印象、傳統男婚女嫁文化價值觀念、家庭的容許與支持程度等）與兩人關係內在層面（包括相處模式、衝突處理、家務分工等）的挑戰。但是，有鑑於同志伴侶關係經營的內在層面，涉及了微觀層次複雜

的情感互動，值得也需要另外一篇文章進行處理，得以做更完整的討論。因此，本章主要聚焦於鉅觀層面的討論上，對於國內同志伴侶親密關係身處社會脈絡所承受的污名與面臨的挑戰，及其因應策略進行探討。

（一）國內同志伴侶關係經營的挑戰

> 「好像是呼吸一樣！因為你喜歡對方，所以，
> 你就會去在乎對方的感受。」（阿發）

誠如上述受訪者阿發所說的，在長達一年的訪談過程中，筆者發現在愛情的本質上，同性之間的浪漫愛情與男女愛情一樣不可抗拒，引人入勝（Giddens, 陳永國、汪民安譯，2001），會有曖昧、追求、交往、思念對方的階段，也會示愛、表達想討好對方的行動，期待為對方付出，參與、分享彼此的生活，並從事共同的活動，以及肢體上的接觸。同時，兩人的交往，也會伴隨著時間的長度與彼此的瞭解，進一步發展出彼此認同、忠誠對待的意識與伴侶雙方穩定、長相廝守的親密關係，就像T與Leon這對女同志伴侶彼此對於情感的看法一般：

> 「時間愈久，那個情感的厚度會愈多……任何
> 事情我可以相信她，我可以依賴她，然後即使我今
> 天所有的東西都失去了，我也知道她還會在我身

邊。」（Leon）

「『其實妳搬到哪裡，我的家就在哪裡！』這句
話非常的貼近非常的貼近我跟她的感覺。」（T）

此外，在20對同志伴侶的訪談當中亦可發現，其伴侶
關係的經營有如異性戀者一般，會有面臨吃醋、吵架、衝突
的謀合期，以及戰戰兢兢擔心對方會被搶走的焦慮，甚至交
往多年，亦有感情破裂、外遇出軌等問題的發生，與西方的
研究成果（Bell & Weinberg, 1978; Kurdek, 1995a; McWhirter
& Mattison, 1984、1996; Schreurs, 1993）頗為類似。其中值
得注意的是，根據Asanti（1999）與Kurdek（1998）研究指
出：同志伴侶的社會處境不同於一般異性戀者，可以大方地
與家人朋友一起分享自己的戀情、進出各種社交場合、聯名
邀請聚會、手牽手逛街、在公共場有親密的動作……等等，
其親密關係的經營所面臨最大的挑戰在於外在的法律規範、
整個社會的恐同症、家庭的排斥、不諒解，以及宗教信仰等，
這些都是同志伴侶在親密關係中每天所必須面臨到的問題。

然而，D'Ardenne（1999）亦提醒我們，在親密關係的
經營互動上，如果把同性戀與異性戀視為完全一模一樣，等
於間接否認了兩者之間的異質性，如此並無益於同志伴侶關
係的澄清與認識。因此，在整個研究的過程中，筆者也嘗試
著抽絲剝繭，以台灣同志伴侶親密關係經營所面臨的挑戰作
為情慾開展的起點，從法律規範、社會壓力、原生家庭、身
分認同四個層面，進一步比較分析同志伴侶與異性戀者親密

關係經營所面臨根本性的差異。

1. 法律規範

　　在法律規範層面上，截至目前為止，非異性戀伴侶婚姻關係已有荷蘭、[4]比利時、西班牙、加拿大、南非與挪威承認同志伴侶婚姻關係。在更多的國家和地區，則給予「伴侶關係」（partnership）、[5]「同性結合」（same-sex-union）[6]或「公民結合」（civil unions）的法律地位，提供不同程度或部分等同於異性戀婚姻的權利與義務（Wikipedia, 2008）。根據荷蘭2001年中央統計局的臨時資料，[7]同志婚姻平均占所有婚姻總數的3%（大約有2,100位男性和1,700位女性）。在加拿大多倫多市統計資料中，則平均每頒發10張結婚證書中，便有1張是頒給同志伴侶（中央社，2003）。

　　但是，由於同志伴侶關係在台灣尚未通過法律的認可，因此，其伴侶關係的經營不同於異性戀者，能夠以法律作為基礎，透過婚禮的宣誓儀式，開展伴侶雙方新的權利與義

4　2001年荷蘭為全球第一個法律承認同志婚姻制度的國家，與傳統家庭一般，可享相同的法律權利。

5　例如：同居伴侶法 Domestic Partnerships 或註冊伴侶法 Registered Partnerships。

6　丹麥為第一個承認同性結合（same-sex union），允許同性伴侶進行登記的國家。

7　從4月1日開始在前6個月內，同志婚姻占所有婚姻總數的3.6%，其中以第一個月達到最高點（大約為6%）。

務，包括：夫妻冠上配偶的姓氏、互負同居義務、雙方協商住所、日常生活家務與財物代理、夫妻財產制，以及扶養義務……（謝文宜，2005a）。對同志伴侶而言，其伴侶關係的經營「只能這樣……過著有名無實的婚姻生活」（吳昱廷，2000：39），如同受訪者在訪談中所說的：

> 「沒有辦法講另一半，別人都可以說她家裡發生什麼事情……要照顧我先生啊！……或他的小孩生病了！可是，我們卻是要請事假啊！……我不可能告訴你那事情是什麼！」（Alice）
>
> 「就算我在教會行了禮，我死亡的時候，她依然拿不到我任何的東西，我只能在別的地方鑽法律漏洞，想辦法說，如果我死掉的話，我家裡的人搶不到這些東西。」（T）

缺乏法律的保障，「都是來來去去……自由度很高，沒有正式結婚儀式昭告天下，不必承擔任何事情，不必誰養誰，也沒有責任。」（鄭美里，1997：182）就算兩個人同居多年，一起打拼，共同生活了大半輩子，有著刻骨銘心的感情，但卻不具有任何的法律效力，未能履行社會婚姻各方面的內容，也不能因此猶如法定婚禮認可的配偶一般，享有醫院探訪權、移居權等法律保障的權利，至於財產繼承權、受益權和社會保險等內容中，沒有任何權利、任何保障，甚至在伴侶去世之後，亦沒有一個可處的社會位置（廖國寶，1998）。

2.社會壓力

除了法律的規範之外，在訪談中亦發現，在一般日常生活的社會規範裡，整個社會制度的安排與資源分配，從婚前的聯誼活動、婚姻介紹、婚前教育與婚前健康檢查開始，到婚後的婚姻諮商、聯合購屋與報稅等等，仍以一男一女的伴侶關係為單位，排除了非異性戀伴侶關係。因此，相較於異性戀伴侶關係經營的理所當然，同志伴侶在親密關係的形成階段所面臨的挑戰，便包括了：如何尋找認識、交往的管道，辨識對方的同志身分，製造與對方認識的機會。

其次，在進入交往的階段之後，也由於喜歡的對象是同性，往往使得同志伴侶不知道如何介紹自己的另一半，甚至於不知道如何解釋自己與伴侶的關係，就像受訪者所說的：

> 「對於come out 的結果，那如果不接受的話，
> 可能會少了一個朋友……我不太敢冒那個險。」
> （阿虎）
> 「人家會怎麼看我，會不會有人會沒有辦法接
> 受？……他們會不會出去亂講？」（Pat）
> 「自己come out 會有一點危險，我還做不到
> 說，不在乎別人的眼光……。」（Alice）

可以看出同志伴侶在親密關係發展的過程中，其實一直背負著主流社會的文化價值框架，小心翼翼地維繫兩人得來不易的愛情。再加上，「男大當婚，女大當嫁」的傳統規

範，視婚姻爲每個人生命週期（life cycle）必經的重要階段（趙淑珠，2003），就像受訪者所說的：

> 「面對父母親每天光明正大地告訴我說也許哪一天要幫我相親……但是，我又不能跟他們講……還得必須忍受不能跟她常常跟她見面。」（Pat）
>
> 「他媽媽非常積極在幫他安排相親…每次他回去，然後，回去相親啊！幹嘛的……可是，他如果不去應付的話，他媽媽就一直煩。」（Andrew）

對於整個大環境的歧視與偏見，同志伴侶關係經營所面臨的挑戰不同於異性戀者：明明有同性伴侶，卻必須參與異性戀的相親、聯誼活動，甚至進入異性戀的婚姻生活，兩人關係的經營遊走於工作職場、人際交往與「男婚女嫁」等社會壓力的邊緣。難怪張娟芬（2001：164）在書中會無奈地指出，誰想付出一輩子的愛，到頭來得到的卻是一場空，沒有親朋好友的支持與祝福，畢竟能夠以開放的態度坦然接受同志身分的人仍舊是少數。

3. 原生家庭的支持與否

伊慶春和熊瑞梅（1994）指出，在華人社會的擇偶歷程當中，異性戀婚姻關係的建立常常是家庭優先於個人的婚姻安排，其擇偶方式與對象的選定，仍不可避免地會受到社會支持網絡與社會價值觀的影響，必須要得到父母的首肯，婚

姻才算定奪。張思嘉（2001a）、劉惠琴（2001）以及筆者的觀察均認爲結婚是兩家人的事，必須考慮到兩家人的相處，家人喜不喜歡、對方是不是與父母合得來，雙方父母親的意見與親友的支持，對當事人情感交往關係有相當大的影響（謝文宜，2005a、2005b）。

　　然而，除了異性戀的婚姻關係之外，在訪談的過程中，筆者亦發現家人支持與否對同志伴侶親密關係的經營同樣扮演相當重要的角色，以Mark與柏蒼的伴侶關係經營爲例：

　　　「我媽媽很喜歡他……就好不容易有一個我媽媽會喜歡的。」（Mark）
　　　「他是唯一一個是被我家人……是唯一被整個家族，包含外婆都好喜歡的……而我到他們家，他爸媽就會特別下廚喔！煮東西……切水果！對我非常好！」（柏蒼）

　　可以看出，無論是同志伴侶或是異性戀者，在中國人的孝道倫常觀念裡，家庭都是中國人最重要的內團體（Hwang, 1978），仍然有很大的牽制力量。但值得注意的是，並不是所有同志伴侶都如同Mark與柏蒼一樣，在原生家庭中可以成功地出櫃，大方地將伴侶帶回家，坦然地與家人一起分享自己伴侶關係的喜悅，並且得到父母親的全力支持。若就同志伴侶關係社會處境而言，在訪談中，亦有超過半數的受訪者表示：

「面對家裡的人，父母沒有辦法接受妳的時
候，那樣子的一個壓力是很難去承受的。」（小福）

「他們沒有辦法去接受，去認同我現在的一個
幸福……我的喜悅沒有辦法跟他們一起分享……我
的喜悅對他們來說是一種撕裂……『你就是不要這
個家了』。」（David）

女同志網路社團拉拉資訊推廣工作室「第四屆拉子網路
人口普查」[8]亦有相同的發現，有超過半數的同志表示在日
常生活當中最主要的壓力來源是來自於父母親的態度。如同
朱偉誠（2000）、畢恆達（2003）與劉安真（2001；劉安真
等人，2005）所指出的，在華人生活社會中，個人並非孤立
的主體，而是社會關係網絡的一員，其中最難現身的對象則
是父母。以Emilio與Alen這一對男同志的伴侶關係為例：

「就我那個時候在開刀的時候……他真的每一
天就是餵我吃飯，所有的事情全部都是他在做的
……那一段時間就是變得有點像，就是好像沒有他
我就是一個廢人一樣……他就一直安慰我，就一樣
還是每天都幫我換藥。」（Alen）

8　2001年11月至12月間，於各同志聚集的BBS站、網站及電子報上，
　　進行台灣拉子人口結構變化的大調查。

「感覺真的像家人一樣，就是每天都陪在我旁邊啊！然後覺得他有需要幫忙或幫助的地方就很願意做，也沒有是特別為了什麼事而感動什麼的……但是，我跟他的互動會比較是私底下的，然後我跟他出去的話，跟我爸媽說我是跟女生出去啊！……因為我是家裡的獨子，那他們希望我以後可以結婚或幹嘛的啊！」（Emilio）

「我一直就是認定他是就把他當成是我家人來相處……他一直認為說他將來會結婚生小孩……其實我一直有一個還蠻不切實際的想法……就是1對男同志，1對女同志結婚，可是實際上還是在一起……反正就是表面上裝的好像是結婚，兩對夫妻。」（Alen）

「我不可能永遠跟他在一起，因為我以後一定還是會結婚、會生小孩，畢竟就是家裡的因素吧！」（Emilio）

「這是大部分的同志的悲哀吧！就是已經認啦！……有一點不敢想吧！因為反正想了總覺得那個結果會很不好，對啊！」（Alen）

可以看出儘管兩人目前在一起已經一段時間，而且在交往的過程中還共同經歷了手術、車禍等人生重大的經驗，但是Emilio面對家人結婚生子的期待，則表示兩人關係的經營只能在私領域互動，而Alen對於未來，更是走一步算一

步，不敢有所奢望。加上國內「面子觀念」所延展出的社會制約力量，亦造成了同志父母承擔其社會位置的污名（courtesy stigma），因而承受相當大的社會壓力（畢恆達，2003）。誠如廖國寶（1998：175）文章所說：「兒子沒有女朋友，而有男朋友是很沒面子的一件事。」可以看出在以「關係」作為人際交往互動的華人社會底下，原生家庭對於同志身分的看法與接受程度，以及對其伴侶關係的支持與否，是每一位同志必須面對、且無法逃避的問題。

4.身分認同

　　「我從來不認定自己是一個變態……所以，不會把自己跟同性戀畫上等號，因為我認為同性戀都是病態啦！有問題的人！所以我絕對不是同性戀！可是認識他以後，我發現一些同性戀[有]好的！……破除了我的迷思跟偏見，讓我可以從新的眼光去看同性戀這個族群。」（David）

　　「我自己已經看不到未來了……在這感情的路上我都是在『走一步，算一步』的階段上面。」（Jason）

　　「雙重否定，那因為我在同志認同部分，一開始知道是的時候，其實有兩年幾乎是自閉起來……不知道怎麼跟人家講這個事，然後偏偏自己又知道自己是喜歡男生……不知道怎麼跟家裡的人承認，

【衣櫃裡的親密關係：台灣同志伴侶關係研究】

然後也不知道下一步怎麼走。」（小藍）

在訪談中可以發現，面對充滿道德的矛盾、混淆與擺盪不定的情慾關係，同志伴侶關係的經營夾雜了複雜的情緒糾葛，但卻不如一般異性戀者容易獲得諮詢的對象，以瞭解別的伴侶關係是怎麼樣在生活，他（她）們所面對的問題是否跟自己一樣。此外，同志親密關係經營與發展過程中，所面臨的挑戰還包括個人情慾伸展與身分認同層面。如何在龐大的社會壓力與污名當中解放自己根深柢固的異性戀思考模式，撤除了生物性、本質性的性別差異，進行腦內觀念革命、自我定位，並突破男／女、Ｔ／婆、０／１角色二元對立的框架，調適自己情慾發展與身分認同，亦是同志伴侶關係經營和維繫所必須面臨的另一個挑戰（台大女同性戀研究社，1995；洪雅琴，2000：201；鄭美里，1997； Asanti, 1999; Jay & Young, 1979）。

可見同志伴侶的情慾操演體現在異性戀霸權的性／別規範之中，經常必須面對自己、面對別人，不斷地在自我認同／愛情／家人／朋友／外界的看法中拉扯，其伴侶關係的經營與維持自然不同於一般異性戀的交往模式，所必須面對的挑戰，亦不只是單純兩個人情感問題，還涉及法律規範、社會文化的道德壓力、原生家庭支持與否、以及個人身分認同等多重的壓力，遠遠超過一般異性戀的伴侶關係能想像的。

（二）國內同志伴侶關係經營的行動策略

　　有鑑於戀情中的同志伴侶本身、同志家人、同志朋友、以及一般社會大眾缺乏對同志伴侶親密關係經營與維持的相關資訊，因而對其伴侶關係的經營往往抱持著刻板印象，儘管許多同志伴侶試圖努力經營其親密關係，追求從一而終、穩定忠誠的承諾關係。最後的結果，仍往往不敵層層的社會壓力與整個社會的支解力量，在文化資源匱乏的情況下，只能從兩個人的親密關係中不斷地去挖掘、掏空，許多同志伴侶都覺得要天長地久太難了，而且當家人知道，往往都勸離不勸和（周倩漪，1997；廖國寶，1998）；再加上缺乏社會保障，同志伴侶沒有婚姻制度的規範，造成許多同志伴侶比異性戀伴侶分手更頻繁（Weeks, 2000）。對許多同志伴侶而言，明明兩個人彼此相愛，渴望相互陪伴，不想離開，不想放手，但是，兩個人卻都不知道未來的路要怎麼走，只能不斷地痛苦掙扎著（孔守謙，2000；莊景同，2002），進而無形中強化「同志伴侶關係通常是短暫、不穩定、容易變心、不易維持」的社會刻板印象，導致許多同志伴侶不敢承認自己的感情，害怕整個社會對自己的歧視與羞辱，紛紛隱身於異性戀的婚姻體制當中，選擇與異性戀結婚，或者寧可選擇過單身的生活（廖國寶，1998；鄭美里，1997）。甚至如同受訪者阿輝所說的：

> 「我也在那裡看你到底愛不愛我，你也在看愛
> 不愛我，然後只要一找到那種……就會覺得『你

看！你背叛我！』。」

　　據此，筆者認為同志伴侶親密關係的經營，伴侶雙方如何在親密關係與社會結構兩種力量間相互角力、辯證與衝突中，揉合多元、複雜的情愫，拿捏分寸，進而發展出個人或兩人之間抗壓或爭取認同空間的方法，顯得格外的重要（莊景同，2002；Green, Betting, & Zacks, 1996; Krestan & Bepko, 1980; Slater & Mencher, 1991）。如同受訪者David所說：「既然我們不是被納入那樣的體制裡面，那也就是說我們可以自由自在去創造我們所要的一個模式跟空間。」因此，本章歸納了20對男男／女女親密關係經營的行動策略，包括：形構支持的社會網絡、創造關係維持的契機、逃避隱瞞三個層次，試圖開展同志伴侶關係經營的可能。

1.戀戀情深，形塑支持的社會網絡

（1）承諾典禮（Commitment ceremonies）

　　在訪談中可以發現，由於台灣的同志伴侶關係尚未通過法律的認可，因此，有超過三分之一的受訪者嘗試以「承諾典禮」來慶祝，例如：透過聚餐宴客、見證、交換戒指等信物或同居等方式，展現伴侶雙方的承諾，確定兩人的關係：

　　　　「一個宣示……在我的範圍，讓我的朋友……
　　去認定這個人的位置……一個很明確的，很名正言
　　順的位置……把她正式的介紹給身邊的人認識

啊！」（Casper）

　　「我覺得祝福……套戒指動作是……一個承諾
……有戒指……戴這個覺得很榮耀，他會想戴這樣
子！」（Albert）

　　Bohan（1996）亦曾指出，有將近75%女同志伴侶處在
彼此承諾的關係當中，會以具體的行動（包括特殊的禮儀、
共同慶祝）來表現對伴侶的忠心，或是以與朋友分享的方
式，建立一個可以讓別人明顯可見的伴侶界線
（boundary），公開彼此對於關係的付出與承諾，宣示自己伴
侶所處的社會位置，來肯定兩人的關係，創造家庭認同
（Greenan & Tunnell，丁凡譯，2005；Schoenberg, Goldberg,
& Shore, 1984; Weeks, 2000）。

（2）建立支持的社會網絡
　　此外，在訪談中亦可發現，由於同志要找到「志同道合」
伴侶的機會比一般異性戀來的不容易，因此，在互動過程
中，伴侶雙方會格外珍惜這種相依為命、共同進退，並肩作
戰，打擊共同敵人，建立同仇敵愾的革命情感。進而在兩人
交往關係穩定之後，延續「親戚關係」的概念，介紹自己伴
侶給周遭的親朋好友認識，「一些比較好的朋友……就慢慢
就讓他們知道說，譬如說他的存在，或我的存在。」（Ken）
也會與自己的伴侶，以及有相同經驗或宗教信仰的同志朋
友，相互支援，建立起支持性的團體與社交網絡資源，形塑

出特有的共生族群意識（Nardi, 1992; Weston, 1991），以支持雙方在親密關係的經營與維持上，能夠更有力量去應對社會的偏見與歧視。誠如受訪者所說：

> 「我跟我朋友[指同志社群朋友]的互動……就介紹這是我的男朋友……慢慢的大家互動愈來愈頻繁……他就把我的朋友當成他的朋友。」（阿明）
>
> 「我們的社會網絡……可以交織在一起……他的朋友就是我的朋友，我的朋友就是他的朋友。」（David）

可以看出同志伴侶關係的經營，如何在既有的社會網絡中形塑支持的力量，對於兩人交往關係的穩定顯得相當重要。正如非洲諺語所言：「需要整個村子一同扶養一個孩子。」對同志伴侶關係而言，亦是如此，需要整個社群來維持和滋養一對佳偶（Greenan & Tunnell，丁凡譯，2005：52）。

（3）尋求重要他人的支持

當然，在日常生活的實踐當中，並非所有的同志伴侶關係都是無法公開、缺乏認同，或面臨到相同的困境。在訪談中可以發現，猶如受訪者浩浩與Casper的生命經驗一般，可以得到家人與的諒解與其他重要他人的支持：

> 「我說：『你沒辦法抱孫子！』～她說：『抱

孫子！你想要你想有孩子你就去扶養啊！總比你生
了孩子不教育變社會敗類好！』呵～怎麼會有這種
對話……我就問我媽：『ㄟ！我要跟David住一起
耶？……本來我要跟他家人住，然後家人還暫時不
願意搬出來』～她說『好哇！』我跟她講『哦！那
你文時我們兩個囉！』，她說：『我是你媽，我不
支持你，我支持誰？』好窩心哦！」（浩浩）

「外面獲得的支持是比反對來得多更多……重要
他人的讚成讓我覺得很幸福。」（Casper）

可以看出同志伴侶的身分受到重要他人的認同、體諒與
支持對其伴侶關係的經營與維持有很大的正向影響
（Baugher, 2000）。

（4）縮小生活圈

「我們不願意讓別人知道……往往會拒絕同事
的應酬。」（Pat）

如受訪者Pat所說的，面對以異性戀作為戀愛指標的社
會道德量尺，可以看出對於整個大環境的反對，其伴侶關係
經營的策略主要是為了閃躲異性戀社會為主軸的社會壓力，
進而退縮至緊閉的世界中，刻意疏遠自己異性戀的朋友與鄰
居或保持距離，降低身分曝光的風險，減少與社會的正面衝

擊，以滿足情感需求，與鄭美里（1997）、吳昱廷（2000）
的調查發現相一致。

2. 共同創造維繫關係契機
（1）相互的學習與扶持

> 「我們會做一些就是社團的心得分享……她就
> 像良師益友……真的是教我很多東西，我學很多東
> 西！」（阿花）
> 「在跟他認識那段期間，或是交往之後，我覺
> 得我會學到很多東西。」（Albert）

誠如上述，在訪談中有超過三分之一的受訪者表示，面
對同志身分的情慾處境，兩人彼此成長學習、相互扶持，不
但可以讓關係更緊密、更正面，亦可共同創造關係維繫的契
機，就像David與浩浩這對男同志伴侶關係的經營一般：

> 「他那個內在的特質，他滿喜歡交朋友，我覺
> 得～啊！～能夠那麼開朗活潑去認識那麼多人，然
> 後很主動的去表達他自己的想法跟意見，這都是我
> 缺乏的一些特質，那有這樣的一個楷模可以讓我去
> 學習……認識他之前我的生活只有學校嘛！工作
> 嘛！這兩個部分，可是我認識他之後，我除了學校
> 工作，我還會有整個同志圈的一些……文化跟生

活，對！朋友是一部分！……不管有怎麼樣一個壓力，怎麼樣的一個歧視，有一個人可以支持我……有另一個良師益友可以陪伴我，可以跟我一起去探索……一起認識自己、一起分享生活的喜怒哀樂。」（David）

「我是那種自視聰明者，就是小時候反正我學什麼都很快，然後我跟他是不一樣的，然後我反應也很快，然後可是我一點都不勤勞，所以我現在會覺得其實他，他其實真的是有很多地方是我值得學習的……因為他很敏感，那我真的是一個木頭沒話講，其實我也承認我是一個木頭……比如說今天情人節，他說『我已經折好幾朵百合花啊～我想送給你』，然後我就很理性的跟他講說『好哇～那我明天去拿啊！』」（浩浩）

「他非常喜歡跟朋友聊天啊！然後幫助朋友做一些事情所以～啊！……我比較不喜歡交朋友～之後，對啊！然後我覺得我比較想要過我想過的生活，所以我會不斷的去吸收這方面的訊息，然後我們就會不斷的在這方面互補有無啦！他會把他所認識的朋友介紹給我認識，所以我也會認識很多人，那我會把我所學到的一些書本上或是講座上的各方面資訊跟他分享～所以～我們就不只是我們社會脈絡會擴大，而且在我們的一個，在同志生活的學習上，我們也可以是～向外延伸，而且可以～有比較

比較有深度的一些生活。」（David）

除了在個性與個人特質上，伴侶雙方以「互通有無」的方式，相互學習之外，David與浩浩兩人亦透過分享彼此的喜怒哀樂與生活圈，相互欣賞與學習彼此的優點，不但拓展了彼此的人際網絡，甚至加深兩人關係經營的深度，對彼此有更多的瞭解與認識。

(2) 朋友、家人般相互交織的關係

> 「我跟他之間……有的時候關係像父子，有的時候關係像兄弟，有的時候關係像朋友，有時後就是愛人，就是情人……我覺得那是，那是整個是融合在一起的。」（阿寶）
>
> 「就是完全把他當成家人來相處，因為我一直認為家人是永遠的。」（Alen）
>
> 「他就是你的，permanent your love，就永遠，這一輩子都是！……家人其實沒有在講一個說『分不分手！』……因為你不會講說『我要跟我爸媽分手！』」（Ken）

在訪談中可以看出同志伴侶親密關係的經營交織著情人、朋友、家人般的關係，如同Asanti（1999）所指出的「友情式的愛情」（friendship-type love）、Peplau（1982）所

強調「角色彈性與互換」的概念，有時就像朋友一樣無話不談，有時就像情人一樣親暱，有時就像家人、兄弟一樣相互關懷，有時候則像父子一樣，是不求回報的關係，兩人互動的角色扮演是多元、且融合在一起，得以創造出兩人關係維繫的契機。

(3) 體現在日常生活與未來規劃的實踐當中

> 「異性戀婚姻會經歷生孩子、結婚、生孩子、家族，孩子長大，一直有事件讓你們往下走，可是同志沒有，所以我們二個交換的不是孩子呀！社會責任呀！兜成一個家，我們交換的是夢想、未來，還有老年的陪伴。」（小花）

　　如同受訪者小花所說的，在同志伴侶親密關係的經營當中，面對未來的不確定性與不安全感，多以一種行動與實踐的方式，透過兩人一起投入、規劃、經歷共同的事情，包括食、衣、住、行、育、樂各方面，以及一同面對家人與周遭壓力，點點滴滴刻畫積累，透過彼此的坦誠信任與生活中的分享，共創兩人的關係品質與承諾：

> 「感情建立就是在小事情上！」（T）
> 「共同的去做一些事情，相同的興趣或嗜好……一起去經歷共同的事情……吃啊！喝啊！玩

啊！……固然有一些壓力……就是要共同去承
擔。」（Annie）

「生活本身會累積很多很多回憶呀！很多片刻
呀！然後，那些東西會讓兩個人的關係變得加
深。」（小樹）

甚至擁有共同的宗教信仰，對於未來有共同的目標與願
景，彼此扶持，相互砥礪，亦是一些同志伴侶在關係經營中
相當重要的一部分。

3. 逃避與隱瞞，不敢洩漏一點風聲
（1）地理上的區隔

「時間過了，她們就會放棄！……現在就是看
誰能忍啊！……我想妳只要不親口承認，這些事情
就永遠不會被證實的！反正我們就住很遠。」（婆
婆）

「因為他們家住南部，所以，他就會比較逃避
他的家庭……就比較不喜歡回去。」（Eason）

「我可能是年齡比較長，所以結婚的問題現在
可能已經慢慢的面對了，所以我來台北也有原因
是這樣。」（Kevin）

面對父母親與周遭親朋好友的關懷，有四分之一的受訪

者表示，盡量與父母建立地理上的區隔，以空間換取時間，並積極地封鎖同志資訊以免擴散[9]但是，用隱瞞家人，刻意疏遠親友，離開原生家庭的作法，來維持既有的伴侶關係，終究不免會面臨到適婚年齡「男大當婚，女大當嫁」角色期待的壓力。

(2) 以單身作為訴求，並對父母進行反哺教育

作為此一社會處境的行動策略，亦有許多同志朋友開始從外表的裝扮著手，例如，T開始強調女性特質，不再T模T樣，並以單身為訴求，來面對外界的關心與詢問。若從積極的行動策略來思索，有同志伴侶表示：在關係的經營當中，首先必須清楚知道自己的定位，慢慢地培養自己的能力，讓家人知道自己有辦法照顧好自己，才來慢慢溝通。另外也可以在自己的工作專業能力達到一定的水準後，再來積極地對父母親進行反哺教育，灌輸自己單身的觀念。

> 「教育父母說，女孩子不一定要結婚……結婚不見得是對女孩子好。」（小福）
>
> 「我一直灌輸他們一個觀念，反正他們不能接受我是同性戀，可是他們可以接受我不結婚，所以我就換了一個說法就說『我不結婚，我要單身！』」

9　Bohan（1996: 96）以「貧民窟化」（ghettoization）的概念來做解釋，（轉引自畢恆達，2003：50）。

（David）

　　「你的工作能力啊！你的專業度……在公司……上司或是屬下之間，如果你發揮的好，其實沒有人會去question……。」（Ken）

（3）保持心照不宣的關係

　　「他們對於親戚朋友不見得可以這麼的坦然……人家問他們說『妳女兒爲什麼還不結婚？』……對他們來講，比較好的選擇應該是他們不知情的狀態下吧！」（Tina）

　　「我從來也不敢跟他們講這個事情，所以我都假裝『喔！』然後就跳過！……像之前電視上有演比較像男性化的女生，我媽就會說『啊！那不就是妳嗎？』」（阿豬）

　　在訪談中有超過三分之一的受訪者表示，面對同志伴侶親密關係的社會處境，儘管與伴侶彼此承諾廝守，甚至配戴交換的戒指作爲兩人感情的宣示，但爲了期許往後能持續在一起，多藉由同性友誼的方式浮出檯面，以室友、好朋友、同學或是同事的身分出現在公開場合，相互掩護。面對親朋好友，則被動地採取「不明講、不戳破」，「你不問、我不講」的行動策略，與家人保持著彼此心照不宣的關係，小心翼翼，裝作若無其事，不敢洩漏一點風聲（台灣同志諮詢熱

線協會，2003：138-139）。

（4）以異性戀關係作為一種護身符

　　面對這唯恐不被社會所認同、稍縱即逝的「禁忌之愛」，許多人在日常生活中，選擇努力將自己與「同性戀」劃清界限，因而同志伴侶關係容易拆解（台大女同性戀研究社，1995：14）。如同莊景同（2002：114-116）的研究對象小援的生命經驗一般，「沒錯！我是什麼都給不起，這令我自卑……婚姻和男女夫妻形式終究比我強……他們能互相為對方做的，我卻沒有辦法。」台大女同性戀研究社（1995：92-93）亦有類似的描繪：「無論我再三的保證會給她幸福，苦口婆心地勸她不要離開我，但是，她卻給我一個理由『不想沒有名分、不想被歧視、父母希望她結婚』。」

　　在訪談中亦有半數以上的同志伴侶表示，由於長久以來的社會刻板印象，其同志身分往往隱身於異性戀的人際關係當中；且為了維繫兩人得來不易的親密關係，避免自己與對方面臨曝光的危險與不必要的出櫃風險，常常一人分飾二角，過著雙重身分[10]的生活，穿梭在不同的角色扮演中，不願主動地表明自己的性傾向，就像受訪者所說的：

　　　　「我很想讓你們分享我的喜悅……可是，我沒

10　在未知其同志身份的家人與朋友（以異性戀朋友居多）面前是單身、未婚角色，在知其同志身份的家人與朋友面前則是伴侶關係。

有辦法。」（Andrew）

　　「出國旅遊所拍的照片……只有風景，沒有
人。」（Albert）

　　在同事之間的聯誼、聚餐活動與面對家人的關心與詢問
時，還得常常要尋找一些藉口來拒絕異性戀朋友應酬與家人
的關切：

　　　　「故做很忙碌……那回家要幹嘛！要上課啊！」
　　（Alice）
　　　　「我們兩個可能會互相幫忙吧！比方說他媽媽
　　會問我他的事情……我可能就會找一些我女性朋友
　　去他們家玩。」（Jason）
　　　　「當然也沒有承認，也沒有否認啊！……他們
　　一直認為我已經交女朋友了！」（Emilio）

　　也有人憑藉著過去跟異性交往的經驗，遵循著社會規
範，找尋異性戀者或彼此共識的異性同志伴侶（即兩對男同
志與兩對女同志，進行異性戀的男女配對）假裝交往，作為
伴侶關係交往的護身符。

四、研究結果

　　　　「我們在關係上比較不care別人的想法……我覺

得別人怎麼看我們，或者說……別人說的，我都覺
得不會影響我。」（阿寶）

　　在訪談中雖然有受訪者強調同志伴侶關係的經營不會受
到外在因素的影響，且身邊的親朋好友，以及所處的工作場
域，均以開放的態度來面對。但是，綜觀上述討論可以發
現，同志伴侶關係的經營體現在日常生活世界中，所要面臨
的挑戰不僅限於兩人的互動相處層面，亦結合了法律、社
會、家庭與個人等多面向的交互影響。這其中蘊含對傳統法
律規範的挑戰，企圖鬆動僵化的性別框架，對文化價值觀念
造成直接的衝擊。其伴隨而來的偏見與歧視、周遭親友的不
諒解與個人身分認同與否等等，涉及了不同力量的相互拉
扯、角力、辯證與衝突。

　　「對那個外在壓力會讓我們沒有辦法去抓出我
們兩個未來的方向在哪邊。」（Jason）
　　「我們有沒有力量去面對這一些未知數。」（阿
輝）

　　因此，為降低對伴侶關係的影響，以及減少兩人身分曝
光的風險，在關係的經營與互動中，同志伴侶亦發展出兩人
抗壓與爭取認同的因應策略。整體而言，本章對於同志伴侶
親密關係的發展所形塑出的行動策略提出以下三點看法，並
對於性別的差異進行比較：

（一）承諾作為親密關係的核心價值

　　張歆祐（2006）表示，同志伴侶關係在熱戀階段彼此既相互認定，若能對其伴侶關係經營持續承諾與投入則可讓關係更親密。在訪談中亦可以發現，同志伴侶之間的親密關係與異性戀無異，雙方會有相依、相戀、彼此承諾、忠誠對待的情感需求與渴望，希望追求一個永恆且穩定的關係。但是，過於純粹的伴侶關係，往往如同受訪者所說的：

> 「你們不被世俗所祝福，所以，你能夠期望你們之間的關係能夠……維持……你們兩個能夠hold住多久？」（Andrew）
>
> 「兩個人在一起，不是因為婚姻、或家庭、或社會、或小孩，而是那個愛情……那種東西跟幸福一樣，是捉摸不到的……不能好好經營的話，它說垮，就隨時垮。」（小花）

　　可以看出不同於一般異性戀可以外在力量對兩人親密關係做外部強制性的規範（例如：訂婚、結婚），作為兩個人在一起，關係劃分的象徵與界限（boundary）。對同志伴侶而言，其伴侶關係顯得更為純粹，也具有較高的自由度與較低的分手困難度（Kurdek, 1998）。在同志伴侶關係的經營中，與朋友關係、一夜情、單純的肉體關係的劃分之處，其根本在於兩人之間「承諾」的維持並體現在日常生活當中。

「有這個承諾之後，你會至少跟別人介紹這是
我Lover，而不是說這是我很好的朋友。」（Albert）

（二）同志伴侶關係的承諾模式

1. 一對一的伴侶關係

根據筆者的觀察，對台灣社會新一代的年輕人來說，伴
隨著避孕技術的發明，性／愛／生殖概念的分離，「性」不
再只是被化約為「傳宗接代」與「繁衍子孫」的生育功能，
婚姻也不再具有宗嗣性的絕對性意義（謝文宜，2005a）；
兩人彼此相愛，住在一起發生性行為，往往是一種自發性的
快感享受與生活的選擇。然而，此一愛情型態的展現，在大
眾媒體的污名化報導後，往往呈現出同志伴侶關係與性濫
交、性複雜、性混亂的連結，甚至將愛滋病與男同志劃上等
號（陳姝蓉等人，2004）。

事實上，在本章10對女同志的訪談中，研究者發現每
一對受訪伴侶在親密關係的經營與互動上，均特別強調一對
一、忠誠、穩定的單一伴侶關係與浪漫愛情的投入，與過去
Baugher（2000）、Blumstein 和 Schwartz（1983）、Downey
和 Friedman（1995）、Schreurs（1993）等研究結果相一致：

「我一定要真的喜歡這個人，而且我真的是跟
她在一起了，我……才會有進一步……跟妳發生比
較親密的關係。」（Pat）

「我絕對是這種人，不能讓我知道妳在外面有
誰。」（阿丹）

然而，在10對男同志伴侶的訪問當中，雖然有2對伴侶
強調兩人是傾向開放式的伴侶關係；但是，值得注意的是，
訪談中的其餘8對男同志伴侶均表示，目前自己與伴侶雙方
其實是期待「性愛合一」、「一對一」的伴侶關係，並且強
調：儘管男同志的伴侶關係多從性吸引開始，但是，兩人的
交往仍是以性忠誠作為關係中維持承諾的重要指標（張歆
祐，2006；張銘峰，2002；Bell & Weinberg, 1978），與過
去男同志伴侶關係複雜的刻板印象有很大的差異。

「性的忠誠度對我來說我覺得很重要……我對
這部分跟他提出明確的要求。」（阿明）
「我不能接受有找一個第三者，或者說他有外
遇這件事情。忠誠度我覺得是蠻重要的。」
（Kevin）
「就我自己來說，我的朋友當中，一對一的是
多數！」（阿寶）

2.承諾典禮與日常生活的實踐，共創關係經營的契機

另一方面，在訪談中亦可以看出，同志伴侶關係經營的
承諾模式，還包括了：以聚餐、宴客、交換戒指、同居等承

諾典禮的形式，劃分伴侶界線，延伸「親戚關係」的概念，尋求團體的認同與重要他人的支持，並重新建構其日常生活中的社會網絡，形塑特有的共生族群意識。甚至在日常生活中，進一步以「我們」（we-ness）作為生命共同體的體認與共識（卓紋君，2000a），關注過程的學習與相互成長，交織著情人、朋友、家人般的關係，創造共同的經驗與回憶，開展兩人關係維繫的契機，誠如受訪者阿丹所說的：

> 「用心的對待她，妳有用心對方一定會知道
> ……行動是最好的證明。」

（三）行動策略的交互搭配

此外，筆者認為二十一世紀的台灣社會，同志伴侶親密關係的經營應該走出意識型態上呼喊愛情關係中弱勢平權的窘境，進一步跨越既有的婚姻體制，在不同的社會限制下，交互搭配不同的行動策略，以一種非單一形式、動態的運作模式，積極的面對以異性戀婚姻關係為主流所帶來的挑戰，延續兩人之間得來不易的愛情。即便看似逃避隱瞞，亦可透過積極性的自我覺察，釐清伴侶關係的困境，以地理作為區隔，單身作為訴求，並對父母親進行反哺教育，甚至假異性戀關係之名，行同志伴侶關係之實，以符合社會規範，爭取同志情慾流動的可能。

（四）比較性別的差異

　　若進一步對於性別差異進行比較分析時，則可以發現由於喜歡的對象是同性伴侶，因此，男同志與女同志伴侶關係經營的經驗有許多層面是相似的。例如：必須承受法律、社會文化價值觀、家庭與親友的壓力，以及調適個人的身分認同。但是，整體而言，筆者在訪談亦發現，在面對的挑戰與因應策略上，男女同志仍存有些微的差異。例如：

1.「傳宗接代」的觀念

　　儘管多數的男同志與女同志在親密關係發展的過程中，常常會感受到傳統「男婚女嫁」的價值觀所帶來的壓力；但是，筆者發現在此一「男婚女嫁」的背後其實是隱含著「不孝有三，無後為大」、「傳宗接代」、「繁衍子嗣」、「慎終追遠」的概念，象徵著生命延續、家族擴展、香火綿延、繁衍子孫的意涵。因此，男同志伴侶若其中有一方是獨子、長子、長孫的話，其親密關係發展便容易如同Emilio與Alen的例子一般，面對家人結婚生子的期待較女同志要高許多。

2.開放與封閉性伴侶關係

　　至於在因應策略層面，誠如上述的討論，在親密關係發展的經驗中，承諾作為親密關係經營的核心價值，對於男同志與女同志承諾維持的意願來說，兩者頗為相似，與本書問卷調查研究結果相一致。但是，在性忠誠作為關係中維持承諾的重要指標上，根據訪談資料顯示，雖然有八成男同志伴

侶關係的經營類似於一對一的異性戀夫妻關係，但與女同志相較之下，男同志在性關係上仍如同Blumstein 和Schwartz（1983）、McWhirter和Mattison（1984）的研究結果，較女同志容易採取性／愛分離的開放式伴侶關係。

　　誠如上述，可以看出同志伴侶關係發展所面對的挑戰來於法律、社會、家庭與個人等多面向的交互影響，那麼我們不免好奇同志朋友對於尋找伴侶與進入親密關係會不會因此有較多困難與顧忌？究竟同志伴侶如何尋找另外一半，甚或如何選擇另一半？對此，筆者將在第二章與第三章中持續從學術論文、新聞媒體、報章雜誌等二手資料，結合訪談資料與研究者自身的觀察經驗，檢視台灣同志伴侶擇偶管道的社會變遷。

附錄、受訪者個人基本資料

暱稱	性別	訪問時的年齡	暱稱	性別	訪問時的年齡
阿虎	男	26～30歲	Alice	女	31～35歲
阿明	男	21～25歲	Pat	女	31～35歲
Ken	男	36～40歲	小福	女	26～30歲
Eason	男	26～30歲	婆婆	女	26～30歲
阿寶	男	41～45歲	Casper	女	31～35歲
阿發	男	26～30歲	Anne	女	36～40歲
Mark	男	31～35歲	Annie	女	26～30歲
柏蒼	男	31～35歲	Tina	女	21～25歲
David	男	31～35歲	阿豬	女	21～25歲
浩浩	男	31～35歲	阿花	女	21～25歲
Emilio	男	21～25歲	小比	女	21～25歲
Alen	男	21～25歲	小布	女	21～25歲
Albert	男	31～35歲	T	女	36～40歲
Andrew	男	26～30歲	Leon	女	41～45歲
Kevin	男	31～35歲	阿丹	女	41～45歲
Jason	男	26～30歲	圓圓	女	41～45歲
阿輝	男	36～40歲	小敏	女	35～40歲
小藍	男	36～40歲	瑩	女	35～40歲
阿德	男	36～40歲	小樹	女	41～45歲
小達	男	31～35歲	小花	女	31～35歲

男同志訪問時 伴侶交往時間	人數	女同志訪問時 伴侶交往時間	人數
10年以上	1對	10年以上	1對
7～10年	1對	7～10年	2對
5～7年	1對	5～7年	2對
4～5年	1對	4～5年	3對
3～4年	2對	3～4年	0對
2～3年	1對	2～3年	1對
1～2年	2對	1～2年	1對
6個月～1年	1對	6個月～1年	0對

男同志伴侶 教育程度	人數	女同志伴侶 教育程度	人數
高中	3人	高中	2人
專科	3人	專科	0人
大學	9人	大學	12人
研究所	5人	研究所	6人

第二章

同志尋找伴侶管道的轉變[1]

80年代中期，剛剛解嚴，開放黨禁、報禁，同志資訊仍不易獲取，加上當時相關報導又極爲負面，社會氛圍所建構的同志形象以負面居多……對於背負著污名化身份的同志而言，尋找伴侶與建立親密關係的交友管道根本是一幅不敢想像的生命藍圖。

1　本文編修自謝文宜、曾秀雲（2008）發表於2008年擇偶、婚姻與社會變遷學術研討會。台北：國立台北教育大學。2008年7月9日。

一、緒論

　　在2004年10月份天氣微涼的一個午後，和一位男同志友人喝著下午茶，分享著彼此這幾年對於同志研究的觀察，記得當時他激動地提醒著我們，「我們在這樣的年歲，我們當時有多少壓力，這是現在的孩子們無法體會的」、「要勇敢的做自己啊！」、「爸！我就是同性戀，你要接受我，我就是不結婚，我喜歡男的啊！」讓我們深深地感受到，在不同的年代裡，同志如何尋得另外一半，在其尋找伴侶，甚或關係的經營，其所背負的壓力是不一樣的；同時，也開啟了我們對於此一議題的探索。

　　長期以來，誰和誰交往？兩個人認識、交往的契機為何？一直是家庭研究討論的重要議題之一。檢閱過去的研究，主要仍是聚焦於異性戀婚姻市場，強調男女雙方交往的關係發展。面對2004年內政部《社會福利政策綱領》明列支持多元家庭的演變，行政院社會福利推動委員會並於同年10月18日會議通過家庭政策，顯示出同志家庭的可能性日漸被接納，其家庭成員的福祉亦應得到照顧（內政部社會司，2004）。此一非生殖、非親屬結構、非異性戀伴侶關係的同志家庭組合，及其伴隨而來之多元家庭政策，跨越了生理性別的界線，不再是男生／女生配的伴侶關係。反觀國內學術研究對於非異性戀伴侶關係經營的討論仍在起步階段，對其伴侶關係如何建立進而開展出各式家庭型態之相關研究付之闕如，彰顯國內家庭領域學術研究與公共政策二者之間

分歧的現象。

　　鑑於國內學術相關研究的匱乏，以及在許多受訪者過去自身的經驗「我其實以前是不去那一些場合，所以……就是大家在practice當中好像覺得同志很亂啊！」（小肯）、「這個圈子……我所取得的資訊，一直都透過書籍啊！網路啊！……我沒有跟人有比較實際真正的接觸。」（小戶）筆者認為「尋找伴侶的管道」為親密關係建立的重要基石，為幫助社會大眾與同志伴侶本身，對於同志伴侶關係的建立有進一步的瞭解與認識。筆者嘗試透過15對男同志與18對女同志尋求伴侶的經驗，進一步整理既有的訪談資料，探討90年代到2000年以後這一段時期，同志如何在這條愛情的漫漫長路上尋覓另一半？得以作為非異性戀關係建立與其相關研究的前理解基礎。

二、文獻回顧

　　檢閱國家圖書館全國碩博士論文資訊網，以「擇偶」作為關鍵字，可查詢迄今（2008年3月）共計有二十四篇碩士論文，以異性戀伴侶擇偶為研究的主要方向。就擇偶議題的分野而言，過去這些研究討論的議題包含擇偶歷程、管道、偏好、條件與態度等。在研究對象上，除了未婚男性與未婚女性的討論之外，亦針對弱勢族群包含跨越族群界線的異質婚姻關係，以及身心障礙者的擇偶議題進行討論。在其詮釋觀點上，多以生物演化、社會學習理論、社會交換論的觀點

解釋婚姻斜坡（marriage gradient）現象，並對於兩性如何在婚姻市場進行選擇進行討論。

　　至於期刊論文的討論上，亦以異性戀伴侶關係的建立為大宗，其主要討論焦點有三：首先，在社會支持與人際網絡的連結層面，過去的研究從第三者作為介紹人，到是否獲得父母和朋友等重要他人的支持，對其伴侶的關係發展有正面的貢獻（伊慶春、熊瑞梅，1994；卓紋君，2000b；張思嘉，2001a）。其次，在角色差異的討論上，主要聚焦於兩性差異與吸引、相似與互補的討論（莊耀嘉，1992；卓紋君，2000b；張思嘉，2001a）。再者，在異性戀婚姻市場中，如何挑選自己的另一半，除了生物性演化論觀點之外，多數研究以社會交換理論進行討論（江宜倩，2002；莊耀嘉，1992；張榮富，2006）。

　　整體而言，對於同志擇偶議題或尋找伴侶的相關討論著墨較少，僅有李忠翰（1998）鬆綁了異性戀的婚配與交往模式，針對15位男同志第一次的戀愛經驗、交友途徑等進行討論；該研究發現多數的受訪者在同志社團、同志文化場所（新公園、酒吧）、網際網路、報章雜誌等同志場域內與第一次交往的對象相識。張歆祐（2006）訪問男同志伴侶中，有3對是透過同志的社交聚會中認識，1對是透過異性戀徵友雜誌，1對則是在異性戀生活脈絡中認識對方。趙曉娟（2006）採3位未曾交往過異性戀情的女同志進行敘說分析，討論愛情歷程中伴侶的認識與抉擇，如何從同事、同學、網友關係慢慢地喜歡上對方。唯其可惜之處在於，這三

篇研究論述的焦點仍忽略私人親密關係形成的社會文化背景，未能考量到同志伴侶因交往年代不同，其伴侶選擇的管道亦可能有所差異。誠如 Elder, Johnson 和 Crosnoe（2004）、Giele 和 Elder（1998）所說的，不同的時空背景、不同的世代（cohort）、不同的社會文化氛圍，其個人生命動態變化與經歷軌跡（trajectories）亦會有所差異。

　　反觀西方社會，Kurdek（2004a, 2004b）指出，在2000年全國性的人口普查資料中，美國約有59萬同性家戶，提醒我們同志伴侶關係的建立與經營並非個人幸福與否的事情，而是可能影響100萬人以上的事情，其所涉及範圍更為廣泛。倘若我們進一步將焦點放置在尋找同志伴侶的議題時，可發現有關同志伴侶關係建立研究的文獻資料，早在1974至1979年間，McWhirter 和 Mattison（1984）便在美國聖地牙哥深入訪談156對男同志伴侶，發展出一套男同志伴侶的關係發展模式，探討關係交往的相互融合到再生；Clunis 和 Green（1988）自前關係階段（prerelationship stage）到彼此的相互合作，提出女同志關係發展階段。Bryant 和 Demian（1994）從先前是否有異性戀關係、如何稱呼伴侶、到兩人的相遇、關係的儀式，甚至關係建立後兩人的相處（包括：財產、家務分工、衝突、法律等）進行全國性的調查，無論從伴侶的尋找管道，或是其伴侶交往歷程，均有一系列完整的討論。

　　對照國外不同程度關於同志尋求伴侶相關議題的關注與調查成果，彰顯出國內相關研究正處於剛起步的階段。對

此，筆者認爲「尋找伴侶的管道」爲發展親密關係的重要出發點，但可惜國內過去許多相關研究往往未能深刻地理解同志伴侶在不同社會背景當中採以什麼樣的路徑與管道來認識另外一半，而直接論述親密關係的發展歷程，故而，本章作爲台灣同志伴侶親密關係建立的初探性研究，筆者初步嘗試以15對男同志與18對女同志伴侶（共計33對）的交往經驗，探討90年代到2000年以後這一段時期，同志面對不同的社會處境如何尋求伴侶，以作爲同志伴侶關係建立的前理解基礎，進而對照異性戀尋求伴侶的經驗，呈現出同志尋求伴侶管道的特殊性，並比較男、女同志生理性別的差異。

三、研究方法與對象

本章訪談15對男同志、18對女同志。在33對同志伴侶中，職業類別含括軍、警、公、教、商、醫、服務業，及在學與畢業待業中的學生，年齡分佈從20至44歲，男同志平均30.5歲，女同志平均31.8歲。交往時間從5個多月到17年，男同志平均交往4.32年；女同志平均交往5.36年，其伴侶關係建立的年代分佈如表一所示，80年代有1對女同志，90年代有6對男同志，10對女同志，2000年以後有9對男同志，7對女同志（其餘個人資料請詳見附錄）。

表一、受訪者伴侶關係建立的年代分佈

交往年代	男同志伴侶	女同志伴侶
1980年代	0	1
1990年代	6	10
2000以後	9	7
共計	15	18

　　礙於本研究案的資料蒐集目前已有幾篇論文陸續發表在其他期刊中，基於研究論理中「匿名」、「不傷害研究對象」、「保護個人隱私」的原則，避免個人訪談資料過多地暴露，得以在訪談資料的交互比對中，直接或間接地呈顯個人真實身分。因此，在匿名資料的使用上，本章嘗試以不同的暱稱，並在個人資料的呈現上進行受訪者集體資料的描述。

四、研究發現

　　檢閱過去國內外的調查研究經驗發現，McWhirter和Mattison（1984）、Berger（1990）與張歆祐（2006）皆指出男同志較容易從同志族群的交友環境（例如，男同志酒吧gay bar）認識伴侶。而Bryant和Demian（1994）在美國全國性調查研究中更指出，有22%男同志在酒吧認識，19%透過朋友，13%是因為社會的議題使得兩個人有認識彼此的機會。對於女同志而言，不同於男同志親密關係以酒吧作為彼此相遇的主要管道，其關係建立與認識管道有28%為朋友介

紹，21%在工作時認識，16%因爲社會的議題（Bryant &
Demian, 1994）。在本書第四章亦提到，有40%從匿名性較
高的網際網絡上認識對方；30%傾向選擇在既有的同志社群
與交友管道，包括女同志酒吧（T Bar）、同志團體活動、同
志刊物與第三者的介紹，努力追求愛情與尋覓伴侶；30%是
在工作場域、學校等空間，與異性戀者角逐、競爭，尋求可
以接受同志身分的伴侶。

　　然而，吳翠松（1998）研究也提醒我們，面對80年代
中期剛剛解嚴，開放黨禁、報禁，同志資訊仍不易獲取，加
上當時相關報導又極爲負面，社會氛圍所建構的同志形象以
負面居多，且將「同志」等同於「偏差」、「變態」與「潛
在罪犯」；加上，1985年國內第一個愛滋病患的出現，更
將「同志」與「愛滋高危險群」劃上等號。面對Rich（1980）
所謂「強制異性戀」（compulsory heterosexuality）的社會處
境，認爲異性戀的體制有如資本主義與種族主義般的結構性
壓迫強加於人們身上，有關於同志身分認同與其親密關係尋
求的資訊顯得極爲匱乏。對於背負著污名化身分的同志而
言，尋找伴侶與建立親密關係的交友管道根本是一幅不敢想
像的生命藍圖。誠如本章受訪者女同志小方的經驗一般（當
年在只聽過祈家威，知道台北有新公園的線索之下，千里迢
迢北上），反應出當時台灣社會的封閉性，倘若你想要認識
其他的同志朋友，是必須下定決心，且有勇氣離家背景，只
爲了一個信念「我相信台北一定有跟我一樣的人」。

「從我離開我的出生地以後……我就想說要找
一個相同的人……『我要一些人跟我一樣的想法，
一樣的概念，我要去了解為什麼？』」（小方）

故而，筆者根據1對80年代交往、16對90年代、16對
2000年以後的同志伴侶訪談資料分析，援引Elder等人
（2004）的研究經驗，認為我們在討論同志伴侶關係的經營
之前，應對於社會－歷史發展的時空脈絡進行理解，嘗試梳
釐出90年代與2000年以後同志尋求伴侶管道的時空背景脈
絡，及其面對的社會文化規範。

（一）90年代尋求伴侶的管道

根據賴正哲（2005）調查研究結果顯示，80年代新公
園為男同志集結的大本營。此外，根據1990年8月27日《聯
合晚報》節錄祈家威於亞洲同性戀大會報告，指出當時台灣
同志社交活動場所現況：「主要是各大城市的公園，如台北
的新公園。還有酒吧，主要活動是點唱歌曲和跳流行舞曲」
（聯合晚報，1990）。例如，本章的受訪者阿德與小達，兩人
便是在唱卡拉OK酒吧中認識彼此。

「卡拉OK那邊認識的。其實那天我……算是
當客人去捧場，捧一個朋友的店嘛！……認識是透
過那家卡拉OK店的老闆。」（阿德）

然而，對於女同志而言，不同於男同志得以選擇新公園、三溫暖與酒吧作為社交管道，直至80年代中期才開設第一家女同志酒吧，創造了女同志具體的社交場所；對此，鄭美里（1997）亦表示，受到女性運動的影響，女同志酒吧在台北興起後，帶起中性化的消費趨勢，成為此一時期許多女同志認識伴侶與性別認同的重要場所。尤其女同志酒吧中的Ｔ／婆文化於90年代中期以後，愈來愈傾向「去性別化」，流行以中性、不分（係指氣質介於Ｔ與婆之間，不能歸類）的趨勢，強調女生愛女生，愛戀或慾望的多元化，伴侶的選擇非關性別（社團法人台灣同志諮詢熱線協會，2004；張娟芬，2001）。

90年代同志尋求伴侶除了新公園或酒吧之外，筆者在訪談中發現，溫泉、三溫暖與健身房，或筆友通訊、電話交友、同志社團與網際網路BBS，以及第三者介紹亦為同志交友的重要管道。

1.溫泉、三溫暖與健身房

80年代國內出現第一家以男同志作為主要消費訴求對象的三溫暖之後，開啟了男同志交友另一個選擇。邵冰如（1998）於《聯合晚報》指出，90年代的同志交友管道，「主要集中在一些特定的公園、海灘、咖啡廳、酒吧、三溫暖和健身房，……某些專做同志生意的三溫暖或健身房，會闢有一間一間的小休息室。」如同受訪者小軍與小皿的交往經驗一般，溫泉與三溫暖亦是同志尋求伴侶管道的新選擇。

「在一個洗溫泉的地方……半夜一點，現場只剩下三個人。」（小軍）

在本章的調查經驗中，相對於女同志尋求伴侶的管道，男同志情慾空間的展演與關係建立的管道，較女同志更為重視身體形象，傾向選擇三溫暖、健身房、公共澡堂與游泳池，即以裸露、展現身材與肌肉作為結識伴侶方式。對此，劉達臨和魯龍光（2005）表示，在裸身的情況下，不但可以看清楚對方的外貌，亦可以透過對方生殖器的反應，來確認對方是否為同志身分，同時，便於性活動。而張銘峰（2002）亦進一步指出，在強制異性戀空間當中，若非以身體裸露與生殖器反應作為判別同志身分的依準，男同志身分的辨識主要透過眼神流動的主觀感知作為依據，倘若誤觸異性戀男性為情慾對象，極可能出現生命或財產的威脅。

2. 筆友通信與電話交友

有鑑於80年代中期台灣社會結束長達近40年的戒嚴統治，出版與傳播業不再受到政府嚴厲的管制。根據聯合報（1990）指出，80年代末期便出現雜誌刊登同志交友廣告進行徵友。到了90年代初期逐漸成為許多同志新的交往管道。誠如男同志伴侶小P與小諾的交往經驗一般：

「連絡上之後它會寄一份說明給你啊！比如說要三仟塊的入會費，那時候很貴。」（小諾）

「會登在報紙的消息欄，然後他就是寫男找男嘛！就是說你知道說他是想要找男伴。」（小P）

「看這些文章你就會知道其實它徵的是『同志』，比如說它會講什麼『同好』啦！或什麼什麼『志同道合』啦！那種key word然後男孩子嘛！……男女不拘。」（小誥）

「因為我是徵友，××[指某雜誌]有很多人寄，那××月刊就是我們的資料各登上去。」（小P）

當時許多同志多以筆友通信的方式來認識對方，如同受訪者小誥所言，「我們是寫信認識的……寫信半年之後才見面……。」直到1994年國內第一個女同志電話信箱「迎芳軒」的成立，打破了之前同志間聯絡上的不便，不但滿足通訊交友的方便性，化解彼此苦候信件往返的心情，亦提供同志交友更多元的選擇方式（汪成華，1995）。此外，王汝聰（1996）與邵冰如（1997）報導更進一步指出，90年代中期以後，同志尋求伴侶的管道逐步伴隨著電腦技術的發展，除了利用電腦連線直接擇友[2]，還可以和業者、工作人員直接面談，利用業者整理的會員資料，找到理想的交往對象，不同於過去刊登網告的方式徵友，就像受訪者小P所說的，

────────────

2 儘管這項擇友服務沒有公開的宣傳管道，但透過同志圈的口語傳播，已有七百多男同志和三百多女同志報名加入會員（邵冰如，1997）。

「以前……聽過朋友他們是從那個××[指某雜誌]裡面找到，不過現在這些都不流行了。」到了電話通訊B. B. Call的使用，更是發展出一套獨有的密碼語言（熱愛編輯群，1999）。

3. 同志社團與網際網路BBS

　　王雅各（1999）指出，80年代以前礙於當時特殊的社會處境，同志無法現身於社會運動當中，直到1990年2月23日台灣第一個女同志團體「我們之間」才成立（汪成華，1995）。90年代伴隨著本土婦權運動的向下扎根，提供反抗主流文化的空間（簡家欣，1998），陸續成立男同志問題研究社、同志工作坊、女同性戀研究社（lambda，浪達社）、約拿單團契、同志空間行動陣線、童梵精舍、同光同志長老教會、同盟會、同志公民陣線等等，逐步脫離祕密社群的陰影（台灣性別人權協會，2007）。另外發行《女朋友》雙月刊、《同性戀邦聯》、《我們是女同性戀》、G＆L《熱愛》雜誌與《女兒圈》，晶晶書庫開幕[3]。再加上網際網路的興起

3　1993年「望春風」國內第一張同性戀者社區報。1994年「我們之間」發行《女朋友》雙月刊雜誌，每期發行量在900至1,000份左右，並擁有其筆友聯誼網；同年，台大男同志研究社團出版《同性戀邦聯》。次年，女同性戀研究社出版《我們是女同性戀》。1996年國內第一本正是登記以商業方式發行的同志刊物G＆L〈熱愛〉雜誌雙月刊發行。1997年出版第一本女同志家庭關係田野調查的專書《女兒圈》。1999年第一家同志書店「晶晶書庫」開幕。

（賴正哲，2005；簡家欣，1998），BBS的盛行[4]，同志開始可非直接現身，以匿名的方式跟圈內人聊天，不再受到時空的限制（畢恆達，2005），並可在短時間內可快速地集結明顯的公開社群團體，提供同志朋友相認與互動的另類空間（簡家欣，1998），豐富了同志多元且異質的伴侶尋求管道。誠如女同志伴侶小飛與小蜜的交往經驗一般，透過網絡的快速連結，得以每天在電腦前等候小蜜線上即時登入。

> 「我朋友[網友]，在網路上跟她認識的，然後跟我說她的存在……我就去看她的文章，每天都去等她。……有一天被我等到了。」（小飛）
>
> 「在網路上面遇到以後，沒幾天就見面。……她就叫我朋友[網友]，……叫我帶她去逛一逛……她就跑來台北。」（小蜜）

4.第三者介紹

90年代透過朋友的介紹，在「大家都知道你的身分的狀況之下」（小秦），除了避免異性戀空間中身分辨識的困境，在朋友亦比較瞭解雙方的需要與興趣為前提，伴侶配對

4　1996年成立第一個華人女同志網站「我的拉子烘焙機」。1997年《同位素》電子報的發行。1996年成立國內第一個女同志專屬BBS站「壞女兒」。

失敗率亦較徵友信箱、電話或網路交友等方式來的低（熱愛編輯群，1999），「那個時候網路還不普遍……一般就交筆友，……筆友就比較花時間，而且失敗率愈高，朋友介紹是個比較快的方式。」（小尤）或像受訪者小皮所說「靠朋友介紹認識……某種程度上也可以說是相親認識的。」

此外，在異性戀尋找伴侶的空間中（例如，學校、工作職場），同志如何創造愛情，利用同學與工作關係地緣鄰近性，進一步開展親密關係的可能性？受訪者小巾表示，「我就問她說：『ㄟ妳以前在學校是不是也滿多女生仰慕妳的啦！』她還跟我裝蒜說：『沒有！』……她可能要分清楚是不是敵我這樣子！」猶如本書第四章所說的，重要的是如何憑著是個人的觀察與判斷，從朋友開始發展情誼。其中值得注意的是，90年代在異性戀空間尋求伴侶的受訪者中，有3對女同志伴侶在職場上認識、3對女同志伴侶在學校中認識，相較於男同志伴侶在異性戀空間認識、交往比例來的高。

（二）2000年以後尋求伴侶的管道

緊接著90年代網際網路的興起，同志社群得以在「匿名性」的保護網下，享受彼此間即時地相互交換訊息的快感。到了2000年以後台灣社會除了不再那麼流行的卡拉OK店之外，新公園、酒吧仍是同志伴侶相遇的重要場域。例如，男同志伴侶小北與小南便是在新公園認識；至於男同志伴侶小肯與小E則是在男同志酒吧中認識彼此，在共同的訪談時，他們表示在相同的酒吧兩人其實已經見面很多次了，

因此沒有身分辨識的問題，但即便兩人有多次的見面機會，仍沒有機會講話，一開始小E只能藉由在舞池中努力地表現自己，以吸引小肯的目光。

> 「一個同志的pub認識的……因為他是我喜歡的
> 那一種style……看了很多次了啊！就沒有勇氣去跟
> 他講話。……不知道第四次、第五次，……就有一
> 次酒喝的比較多一點，然後，就鼓起勇氣去跟他講
> 話。」（小E）
> 「他就是會繞來繞去啦！」（小肯）

此外，同志尋求伴侶在既有管道底下，2000年以後進而呈現分眾化與世代差異的現象。如受訪者所說的，「現在大家都比如說你去fun看，都是年輕小朋友，都是練得很有健壯的，然後穿得很時髦」（小軍）、「年紀大的不會去fun，有年紀大去的地方。」（小奇）加上，網際網路逐漸取代實體空間的紙筆通訊交友方式成為重要的傳播媒介。

1. 分眾化的溫泉、三溫暖與健身房

熊敏君（2005）對於加州健身中心的觀察與訪談中發現，健身中心儼然成為男同志重要的出入場所。然而，在訪談中，受訪者小奇進一步表示，健身房不僅僅作為男同志鍛鍊身材的空間，事實上，進出「加州」和「亞歷山大」的男同志消費族群亦有所差異，且就算都是加州健身中心，不同分館亦呈現以階層化、分眾化的現象，身材太差的，根本不會進去忠孝或西門健身中心，打壞自己的行情，即出現男同

志進出大安、天母跟忠孝、西門健身中心市場區隔的現象。

> 「去加州的都嘛練肌肉，跟去亞歷山大的不一
> 樣……大安區、天母、西門町的型都不一樣……有
> 的人都偷偷練，練好一點才去忠孝旗艦或西門町分
> 館。」（小奇）

此外，根據李樹人（2007）報導指出，「同志們也可以很健康地坐在陽光下喝茶、喝咖啡，而不只是往夜店、三溫暖跑，而有個正常的休閒交友管道。」紅樓同志商圈的形成，突顯出2000年以後台灣社會同志交友管道愈來愈多元。其中值得注意的是，儘管三溫暖與健身房亦為90年代男同志重要的交友管道（在本章的觀察與訪談經驗中，沒有女同志在這些地方認識另外一半），但是，這並不表示在這10年間同志公共場域的情慾流動沒有差異。事實上，近10年間伴隨著日益豐富、且多元的同志休閒空間，同志交友市場亦隱約地依其年齡高低、身材好壞、興趣休閒娛樂的不同，進而產生了分眾化與世代差異的現象。

2. 同志社團與網際網路的市場區隔

脫離80年代同志資訊困窘的時期，進而延續90年代的同志運動與同志社團的發展，就算身邊沒有同志朋友，仍然可以透過日益蓬勃發展的同志社團作為尋求伴侶的管道。就像受訪者所說的「我身邊就是沒有就是類似同性戀這方面的朋友」（小More）、「有參加一個同志球隊，反正就是去打球嘛！」（小亮）即便像是女同志伴侶小正與小利的交往，雙方

早已是認識十幾年的學姐、學妹關係，但兩人的再接觸與交往如受訪者小利所說的，「[那時候]其實也是一方面麻煩她帶我進去××[指某一同志團體]。」透過同志社團活動的參與，進而引發兩人交往的契機。或是透過網路尋找到志同道合的伴侶，亦是2000年以後同志尋求伴侶的重要管道。

「上網去徵友，可以認識別人……每天就很期待回家收信。」（小哩）

「因為大部分現在比較透過上網，有時候是去那種聊天室呀！或是同志網站那種……聊天室比較動態啦！就是有來有回，就馬上就可以講，但是有的比較靜態，我貼一個，你回一個這樣……一種徵友，專有的徵友的廣場，然後就是也是一個網站，就是post上去你自己的一些資料呀！或是自己喜歡什麼呀！講講自己呀！簡介一下……那個情況就是T比較多這樣子！」（小豆）

「因為我是菜鳥，我就覺得人家寫信給我就要回！」（小哩）

「對～然後就一直寫，幾乎是一天一封，只要是我有寫，她就有回這樣子的感覺。」（小豆）

在上述女同志伴侶小哩與小豆的交往經驗中，我們亦可以看到伴隨著網際網路的快速發展，脫離過去二十世紀末耗時又耗力的通信與電話等交友媒介，轉以交友網站在網路直接登入自己的資料，書寫自己對於伴侶關係經營的想法與期待，無須透過第三者轉介，甚至之後的部落格、線上即時通

與MSN，藉由網際網路24小時的資訊傳遞，打破過去同志間相互聯繫的時空限制，進而改寫其交友的方式（Jones, 2005），呈現更多元的交友管道，「每天要認識的人就可能10個以上」（小軍），這恐怕是身處80年代的同志所無法想像的。誠如Hughes和Hans（2004）的研究發現一般，認為網際網路與傳統面對面交友途徑的差異在於網際網路有較高的自我揭露，且在雙方未謀面前，彼此保有相當的匿名性，因而容易創造出不同的交往契機。受訪者小軍與小奇亦表示，會在公共場域中尋找伴侶的往往型都練得不錯，而網際網路高度匿名性增加同志交友管道的異質性，因此，利用網際網路、BBS找伴的，有的條件都差一點（或不是主流）。這一點呈現出交友市場的區隔性。

> 「要快樂、要好看、要風騷，那個型一定要練得很好……主流市場就是這個……練得很有健壯的，然後穿得很時髦。……如果不是主流市場就是躲在那個……網路世界。」（小軍）
>
> 「交友網站也有年齡的區分，年紀大的大部分都在××[指某同志交友網站]，有的都是年紀比較小。」（小奇）

伴隨著愈來愈多同志以網路作為交友認識管道，其市場區隔劃分亦愈來愈細緻，有猴徵熊、有猴徵猴、有熊徵猴、有熊徵熊（張銘峰，2002）、有徵1號、徵0號、有專門中老年男同志的交友網站、有海外留學的同志交友網站、亦有中年女同志交友網站等等，不勝枚舉。然而，此以網際網路作

爲認識交往路徑的伴侶中，本章以男同志伴侶最爲普遍（在本研究中，二十一世紀以後認識的9對男同志伴侶裡有6對伴侶是透過網路媒合交往的）。就像受訪者所說一般：

> 「我們有在同一個社群的網站……他後來加我的msn才認識的，才比較熟。」（小唯）
> 「透過類似網路聊天那種，聊天室認識的吧！可是那時候都完全沒有見過人……3、4個月之後有一次……找他出來吃飯。」（小果）

　　或是受訪者小柏與阿Man的交往例子。雖然兩人在路上遇到，「那剛好他騎摩托車正準備要離開」（小柏），但是，由於網際網路交友管道的普及性，即透過網路的使用就可以看到個人自拍、徵友的照片，使得彼此同志的身分變得容易辨識，「因爲我在××[指某同志交友網站]交友上面看到……」（阿Man）進而在異性戀空間當中進一步開啓互動的可能性。

3.逐漸開放的社會氛圍

　　2000年以後，台灣社會伴隨著每年舉行的同志遊行、同玩節與熱線募款晚會等活動，開創同志相遇、聚集與聯繫的契機。加上同志交友管道的多元化，以及網際網路的便利性，以「朋友」與「第三者介紹」作爲尋找伴侶管道守門員的角色逐漸褪色，進而轉向「自由戀愛」時期，在強制異性戀的社會空間中開創同志尋求伴侶的可能性。對此，陳策群和殷寶寧（2004）認爲透過圈內人際網絡口耳相傳與網際網

路的強連結，二十一世紀初期男同志空間再現的方式，不再侷限於新公園與男同志酒吧，進而選擇以白天出入為主的公共空間，象徵陽光與健康的青年泳池作為男同志身體展示與聚集之公共場所，與女同志尋找伴侶的場域有所差異。然而，根據本章訪談資料顯示，2000年以後交往的受訪者中，有1對女同志伴侶是在職場中認識，有2對伴侶是在學校中認識的，多傾向利用地緣的鄰近性尋求伴侶，如同女同志伴侶小刀與小斐的交往經驗一般，從同學、室友晉升為伴侶關係，確實與男同志尋找伴侶的管道略有不同。

「那個時候之前住宿舍，就住在同一間寢室裡面……差不多認識一年多之後然後才開始交往……原本我不是啦！[只不是女同志，沒有和女生交往的經驗]……她是T，我以前我也有認識這種朋友，我本身不會排斥……就原本是朋友，然後，後來真的轉變成情侶是我主動的！」（小斐）

「因為其實是好朋友啊！對啊！本來就有好感，只是……沒有像到情侶那樣子啊！」（小刀）

五、研究結果

（一）關鍵的90年代

綜合上述的研究發現可以看出，90年代到2000年以後同志伴侶關係的建立，90年代扮演著交友媒介轉折的關鍵時期。誠如上述，新公園、酒吧、三溫暖、筆友通信、電話交友、同志社團與網際網路BBS，二十世紀末的台灣社會看

似逐步開展的交友管道，但事實上，在同志資訊困乏的80年代，國內的相關報導多採取外電資料與研究報告進行討論，鮮少有同志願意在公開場合出櫃分享自己在伴侶關係中的經驗（葉鳴朗、楊珮玲，1994），同時也沒有同志運動的團體的成立，本土同志婚姻與家庭的形象未能現身於此一強制異性戀的社會當中。對於許多同志而言，根本沒有管道、沒有方式、不知道要去哪裡找對象。鄭美里（1997）甚至進一步形容在80年代以前，同志的相關報導主要存於少數冷僻的心理學翻譯書籍中「變態心理學」的一隅。誠如受訪者女同志伴侶小方與小春的認識契機一般，其尋找伴侶的管道主要藉由朋友的介紹，得以開展兩人關係的建立，彰顯同志尋找伴侶的管道資訊的侷限性，以及社會人際網絡的重要性。

> 「我高中同學認識她的朋友……我的同學找我出去玩……就認識她了……是朋友吃飯的場合認識的。」（小春）
> 「她們就是說要介紹一個朋友給我認識啊！那等於是有計謀性的……用壓力把她騙出來就是了。」（小方）

伴隨著社會變遷與電腦科技的進步，猶如Vago（1996）描繪十九世紀法國鄉村年輕人擇偶方式的改變一般，伴隨著自行車的發明與使用，使得年輕人有了更遠距離的旅行機會，其婚配的對象亦跨越既有的村落，進而改變了傳統的人際互動、擇偶標準、生活方式與文化模式。對於同志伴侶關係的發展亦是如此，到了90年代藉由同志社團與網際網路

的急速發展，見證了同志尋求伴侶的管道從過去的紙筆通信、電話交友到網際網路與BBS，脫離了過去書信往來的漫長等待。

（二）2000年以後的分眾與去標籤化

伴隨著全球同志婚姻合法化的國際趨勢，以及2000年之後台灣每年舉辦的同玩節與同志遊行，同志的尋求伴侶管道愈加的浮出檯面，逐步轉向「健康」、「陽光」、「現代社會」的集體表徵（曾秀雲、林佳瑩、謝文宜，2008），逐漸脫離「偏差」、「變態」與「潛在罪犯」的刻板印象，其交友管道的市場區隔也愈來愈加細緻、綿密，產生分眾化的現象。誠如Elder等人（2004）所說的，個人生命歷程被其終生經歷的歷史時間和空間所嵌入和形塑，即可以看出80年代以前的同志，因其成長期間正逢政治上的戒嚴時期，資訊來源較為封閉，離家北上，尋求進入圈內的管道，以及彼此相互支持，建立身分的認同，創造交友的契機，與2000年以後的年輕世代透過網際網路一天可以認識幾十個同志朋友，整體的社會氛圍有著極大的不同。

（三）同志尋求伴侶管道的特殊性

同志尋求伴侶的管道除了上述在不同的歷史時間和空間條件底下，各自背負著不同世代的壓力之外，對照異性戀伴侶尋求的經驗發現，同志伴侶親密關係建立與異性戀者最大的差異，礙於未能以外在生理性別作為伴侶身分的辨識，故而在結識對方的過程中，多數的同志往往傾向以網際網路與第三者作為介紹，免除在異性戀空間進行身分辨識的困境，

或擇以同志社群聚集之處作爲尋求伴侶的主要管道。

至於在男、女同志生理性別差異比較上，誠如上述的討論可以看出，男同志較女同志常以新公園，以及溫泉、三溫暖與健身房作爲尋求伴侶的管道，藉以身體的裸露來結識伴侶，而女同志則較男同志傾向利用學校、職場等地緣的鄰近性尋求伴侶。對此，筆者歸納有三：

1. **情慾空間**：鑑於男女同志情慾流動的場域空間有所差異，呈現出男同志交友管道與活動場所的異質性與多元化，較女同志有更多的選擇性。猶如汪成華（1995）的觀察與描繪一般，強調女同志公共活動場所只有女同志酒吧，若不喜歡去酒吧的女同志，便僅能透過社團，或以通信、電話等方式交友；反之，對男同志而言，其公共活動的場所，除了酒吧之外，尚有新公園、三溫暖、健身房與公共澡堂等多種不同的選擇。

2. **地緣鄰近性**：相較於男同志，對於女同志而言，在異性戀空間中較容易利用地緣的鄰近性尋求伴侶。

3. **人際資本**：無論男同志或是女同志的尋求伴侶管道，「朋友」作爲身邊社會網絡的人際資本有效地連結更廣的人際網絡，創造彼此互動交往的契機，亦扮演極爲重要的角色。

整體而言，可以看出本章結果與Bryant和Demian（1994）強調男同志較會選擇以徵友廣告或酒吧作爲尋求伴侶的管道，女同志傾向通過朋友介紹、女性主義與同志社團活動尋求另一半，略有不同。那麼在擇偶偏好上，男同志與女同志是否在性策略擇偶理論與社會交換理論有所差異？筆者將於

第三章中持續討論同志伴侶何以在缺乏社會性支持的條件下，仍然願意離開獨身狀態，選擇與伴侶交往，並承受社會的壓力？其擇偶條件的考量為何？

附錄、受訪者個人基本資料

● 男同志

暱稱	受訪年齡
小汪	26～30
小肯	31～35
小北	41～45
阿Man	31～35
小P	26～30
小More	16～20
小文	31～35
小甲	31～35
小堅	16～20
阿德	36～40
小尤	31～35
小奇	31～35
小K	21～25
小丁	36～40
阿軍	36～40
小亮	21～25
小E	26～30
阿南	26～30
小柏	31～35
小誥	31～35
阿倫	21～25
小唯	21～25
小戶	26～30
小明	21～25
小達	31～35
小V	41～45
小秦	26～30
小son	21～25
小皮	36～40
小皿	36～40

● 女同志

暱稱	受訪年齡
小飛	31～35
小綠	41～45
Mimi	36～40
小刀	21～25
小天	21～25
小梅	36～40
小法	21～25
小方	36～40
小草	41～45
小單	41～45
小哩	36～40
小正	26～30
小冰	31～35
小示	26～30
阿欣	31～35
小安	26～30
小芸	21～25
阿切	21～25
小蜜	36～40
小紫	31～35
小Wei	36～40
小斐	21～25
小宜	26～30
小玉	36～40
小合	21～25
小春	41～45
小巾	36～40
小貝	41～45
小豆	31～35
小利	26～30
小谷	31～35
小波	26～30
阿本	36～40
小吶	21～25
阿演	21～25
布丁	21～25

同志伴侶的擇偶偏好[1]

同志伴侶親密關係的建立，不同於異性戀者強調以生育為目的，並得以擁有高度的社會性支持。那麼在缺乏社會性支持的條件下，究竟是什麼樣的吸引力與擇偶考，讓同志願意離開獨身狀態，選擇承受與伴侶交往的社會壓力？

1　本文編修自謝文宜、曾秀雲（2008）發表於2008年擇偶、婚姻與社會變遷學術研討會。台北：國立台北教育大學。2008年7月9日。

一、緒論

　　長期以來，伴侶關係中的擇偶標準一直是家庭研究討論的重要議題之一。然而，檢閱國內既有擇偶議題的文獻資料發現，過去研究主要聚焦於異性戀婚姻關係的建立，其中亦包含了弱勢族群，如跨越族群界線的異質婚姻關係配對，以及身心障礙者的擇偶議題進行討論。其詮釋觀點的多數論述以生物演化（evolutionary theory）、社會學習理論（social learning theory）、社會交換論（social exchange theory）來解釋「門當戶對」的觀念與婚姻斜坡（marriage gradient）現象，討論未婚男、女雙方如何在婚姻市場中進行配對，完全忽略了非一男一女伴侶關係的建立。

　　筆者為幫助社會大眾對於同志伴侶關係的建立有進一步的瞭解與認識，嘗試透過15對男同志與18對女同志的訪談資料，相互對照異性戀的擇偶歷程，探討同志何以選擇在這條愛情的漫漫長路上尋覓另一半？其擇偶的標準為何？

二、文獻回顧

　　檢閱過去相關文獻發現，莊耀嘉（1992）曾從生物演化論對於擇偶條件進行檢驗。其研究發現，女性擇偶傾向考量男性是否有利於提供情感與經濟資源；而男性則較女性重視伴侶的外表，以利後代的繁衍。伊慶春和熊瑞梅（1994）從社會學觀點，嘗試對於擇偶過程中的重要社會網絡成員進行

考察，發現擇偶方式隨著社會變遷而有差異。蔡淑鈴（1994）從社會階層與社會流動的觀點切入，討論同質性地位通婚與「男高女低」的婚姻配對模式。卓紋君（2000b）訪問了100位來自北、中、南、東各地台灣民眾的愛情故事，發現親密關係的形成受到兩性吸引、個人認知及情緒感受的影響。張思嘉（2001a）亦以質性訪談的方式，探究擇偶歷程婚前關係的形成與發展，發現男性較女性重視生理特質，且特別容易強調「未來的對象是否能與家人相處的好」，而女性較男性重視心理與社會特質。江宜倩（2002）嘗試以未婚男性的角度探究男性婚姻觀在擇偶議題上的考量。張榮富（2006）進一步運用台灣地區擇偶網站上的個人化資料，分析年齡對擇偶對象的年齡與身高門檻的影響，進一步檢證演化心理學中的性擇理論（sexual selection theory）與人口學中的婚姻市場理論，其研究發現男性對異性年齡的門檻設定較女性低，伴隨著年齡的增長，女性30歲以後則逐漸放寬門檻。

綜觀上述，可以看出國內關於伴侶關係的建立與其擇偶歷程，長期以來主要關注於異性戀伴侶關係，其討論焦點有三。首先，在社會支持與人際網絡的連結層面，過去的研究從第三者作為介紹人，到是否獲得父母和朋友等重要他人的支持，對其伴侶的關係發展有正面的貢獻（伊慶春、熊瑞梅，1994；卓紋君，2000b；張思嘉，2001a）。其次，在角色差異的討論上，主要聚焦於兩性差異與吸引、相似與互補的討論（莊耀嘉，1992；卓紋君，2000b；張思嘉，2001a；蔡淑鈴，1994）。再者，在異性戀婚姻市場中，如

何挑選自己的另一半，除了生物性演化論觀點之外，多數研究以社會交換理論進行討論（江宜倩，2002；莊耀嘉，1992；張榮富，2006；蔡淑鈴，1994）。對此，筆者嘗試以非異性戀伴侶關係作為對照，提出以下三個思考的方向。

1. 倘若誠如卓紋君（2000b）所言，華人愛情關係的發展深受社會網絡（social network）的影響，其社會性支持度對於異性戀伴侶關係的建立極為重要。那麼當同志朋友面對台灣較低的社會性支持時（Bell & Weinberg, 1978; Kurdek, 2001），這些伴侶何以願意離開獨身狀態，選擇承受高度的社會壓力，進入一個承受社會污名的伴侶關係？其擇偶的條件為何？

2. 同志伴侶是由兩個相同生理性別的人所組成，在相同的社會化經驗與性別角色期待中（Metz, Rosser, & Strapko, 1994），其擇偶動機與條件似乎不同於Buss和Schmitt（1993）的性策略理論強調生物性後代繁衍的觀點。那麼建立非生殖考量的親密關係，是否有如異性戀者般呈顯出不同的性別角色差異？

3. Foa和Foa（1974）從社會交換理論的觀點指出，資源（包括，愛、情感、地位、金錢、服務與商品）是可以在人與人之間的關係中被交換，且給予一個人能力去酬賞另一個人的。在異性戀婚姻市場中，擇偶條件的資源相互交換，雙方各得其所（Sabatelli & Karen, 2004）。筆者不禁感到好奇，究竟社會交換理論是否可以應用於男、女同志的擇偶考量？

據此，本章初步以33對同志伴侶的交往經驗作爲出發點，嘗試呈顯出台灣同志伴侶的擇偶偏好，相互對照不同性傾向伴侶關係的形成與建立，做進一步的討論，得以作爲同志伴侶關係建立的前理解基礎。

三、研究方法與對象

本章使用深入訪談受訪樣本資料、匿名方式與第二章相同，共計有15對男同志、18對女同志。其分析訪談資料蒐集的內容涵蓋了（1）第一階段於見面訪談之初，以共同訪談的方式分享當時促使兩人關係建立的經驗，進而探究決定兩個人在一起的起因（包括了當時情境、發生的事件等等）；（2）第二階段以個人深入訪談的方式，更深度地討論當時個人選擇伴侶的主要考量因素（包括了當時有沒有其他選擇的對象？爲什麼選擇他／她？他／她吸引你的因素又是什麼？）

在訪談資料分析的處理上，爲避免筆者個人主觀看法影響資料分析，筆者嘗試：（1）透過參與者檢驗，將訪談整理過的資料以電子郵件寄給受訪者，輔以電話與面對面訪問的方式，徵求部分研究參與者的意見與看法；（2）爲修正筆者本身的偏見，力求較爲客觀的方式呈現訪談內容，除了針對訪談資料重複進行檢視之外，亦以分段、分次的方式洽詢當時投入本研究案訪員與讀書會成員的意見，重新整理分析訪談的觀察與內容，以期提升分析資料的可信程度。

四、研究發現

　　根據Thibaut和Kelley（1959）替代對象的比較水準（comparison level of alternatives, CLalt）強調親密關係的經營在期待低成本、高報酬的前提下，當其結果的可利用性在其他關係中超過在個人當前關係的可利用性，即表示這個人對於關係的依賴較低；換言之，在親密關係的建立過程中，伴侶雙方都具有極爲高度的選擇性，自然衡量自身在其他關係中是否會更好？其關係的建立與投入似乎意味著此一伴侶關係的報酬大於其他伴侶關係，甚至於伴侶關係的報酬大於獨身關係；而關係建立（或走入婚姻的考量）其關鍵性因素在於「結婚」是否能使男女雙方生活得以更好，進而形成的書面、口頭或長期契約。意即未婚男女進入婚姻會以能使其中一方（或至少一方）生活變得更好作爲前提，才會結婚，成爲婚姻市場中的最佳婚配（Becker, 1973, 1991）。然而，在華人社會以父子爲軸心的家庭體系中，礙於結婚是家庭中的一件大事，其擇偶歷程不單單只是一個人的事，而是被社會結構的規範與社會網絡所包圍，認爲「男婚女嫁」、「交往久了就應該要結婚」，或是爲了「傳宗接代」（伊慶春、熊瑞梅，1994；利翠珊，1995；謝文宜，2006）。此一論述中「伴侶關係的報酬」似乎意味著，爲男性家族找一個能夠侍奉公婆與丈夫的媳婦、管理家務的「賢內助」和撫養子女的母親，以延續夫家的姻親關係（利翠珊，2000；張思嘉，2001a；謝文宜，2006），彰顯出以生育爲主的社會性支持

對於伴侶關係建立的重要性。

　　有趣的是，同志伴侶親密關係的建立，不同於異性戀者強調以生育爲目的，並得以擁有高度的社會性支持（Beals & Peplau, 2001）。我們不免感到好奇，就Thibaut和Kelley（1959）所言，伴侶關係的建立與投入意味著此一關係建立的報酬大於其他可能的選擇性，那麼在缺乏社會性支持的條件下，究竟是什麼樣的吸引力與擇偶考量，讓同志願意離開獨身狀態，選擇承受與伴侶交往的社會壓力？其擇偶條件的考量爲何？

（一）「決定」進入一個承受社會污名的伴侶關係

> 「你很喜歡一個人，可是你沒辦法公開。」（小K）
> 「我跟他[指伴侶]出去玩這是一件很快樂的事情，可是，我沒有辦法讓你們知道……像我們家的相本，……你永遠看不到！」（小戶）

　　面對以異性戀爲主的社會處境，根據本章訪談資料顯示，同志伴侶關係的經營「非但沒有支持，你可能還要去面對……其他的壓力」（小丁），且「對那個外在壓力會讓我們沒有辦法去抓出我們兩個未來的方向在哪邊。」（小秦）在Clunis和Green（1988）所謂的關係前期（pre-relationship）、Slater（1995）與本書第四章所提及伴侶關係形成（formation of the couple）彼此相互認識的階段，究竟是什麼

樣的考量與影響因素得以讓他／她們願意承受更多社會的壓力選擇進入同志伴侶關係，對於伴侶關係的建立顯得格外重要。

1. 有愛無悔

> 「如果我永遠不跨出這一步……可能哪一天我老了，那我開始在想這些問題的時候……我大概最後悔……結婚、生小孩，然後呢？背著老婆、孩子再去做一些更不應該做的事情……想這些事情，因為沒有人可以商討……總覺得說很無力……儘管我符合大家的期望，但那是我要的嗎？」（小户）
>
> 「沒有人可以協助妳去思考，那妳只去想說我走這一條路好不好，那其實我覺得那種有一種心理的需求，其實是妳沒有辦法去掩蓋說，妳也沒有辦法說叫自己不要。」（小示）

就像受訪者所說的，在獨身、異性戀婚姻關係與同志伴侶關係的考量與掙扎中，為避免將來後悔，「我就覺得長那麼大了，總是應該為自己活一活的時間到了。」（小户）進而在其關係的選擇上，鼓起莫大的勇氣，畢竟「之前沒有這樣經驗過，所以，你也不覺得說這樣的模式有什麼不好。」（小户）對此，鄭美里（1997）認為同志伴侶關係的建立初期往往呈現出一種「先於」同志概念，即以愛情的直覺，為了追

求愛情勇往直前，不顧異性戀污名體制的純真狀態。在本章的訪談中，亦有受訪者表示，關係建立與否並不在對於兩人關係有著綿密的思考，因為當你／妳想愈多，愈感受到異性戀社會與家庭帶來的壓力，甚至感受到同志污名化的標籤加諸其身時，愈無法建立同志伴侶關係，反而認為衝動、勇氣與傻勁才是開啟愛情之路的鑰匙。

> 「我覺得那可以說是一種傻勁吧！……一種初生之犢不畏虎的感覺。」（小 Son）
> 「如果沒有衝動的話，絕對沒有[指目前兩人的關係]，妳如果考慮太多的話，就是不會在一起啊！」（小示）

2. 步步為營，如履薄冰

但在訪談中並非所有的同志均傾向不顧一切、勇往直前、樂觀、正面的態度；反之，有受訪者表示，礙於整個社會與家人關注於傳統傳宗接代、養兒防老、男婚女嫁的觀念與期待，選擇同志伴侶關係的建立，意味著進入一個承受社會污名伴侶關係的決定，不但挑戰了「不孝有三，無後為大」傳宗接代的使命，亦鬆動了一夫一妻的傳統規範。「在這個圈子，感情的事情，你要講走一輩子，實在太難了。」（小秦）對於看不見的未來，往往是「走一步，算一步」，不敢有所奢望。尤其以身兼「獨子」、「長子」、「長孫」的男同志，更須扛起傳宗接代、祭拜祖先、家族傳承的責任，赤裸

裸地面對重視家族命脈延續的父系社會，感受特別深刻。誠如受訪者所說，伴隨著年齡的增長，此一來自社會與家庭的壓力亦逐漸增加，迫使許多伴侶不斷地在同志與異性戀擇偶市場中游移，倘若沒有強烈的身分認同，誰都無法肯定自己或對方是否會礙於社會與家庭的壓力而選擇進入異性戀婚姻當中。

> 「5、6年前，大家還年輕，沒有家庭壓力的時候，……大家都蠻肯定說：『我以後一定不會結婚』……[但是]因為家裡的壓力出現，父母那種感覺讓我說，沒有像以前那麼堅決。……以我來講，我覺得自我認同真的是有點會有點動搖。」（小奇）

整體而言，無論是為了避免將來的後悔、無法克制要求自己，或是強調關係的建立在於傻勁與衝動，甚至對於未來的無法預測性，僅能走一步算一步，對於同志伴侶關係的建立，仍然「好想要擁有一個家」（小亮）、「想找一個人陪……想找一個依賴，然後就是想找一個伴。」（小皿）願意離開獨身狀態，極力地在其關係的發展找尋出路，培養穩定的伴侶關係，似乎意味著伴侶關係組成與建立所帶來的報酬大於獨身狀態，甚至對於部分同志而言，親密關係的建立與經營得以使得彼此生命更為完整。當然，亦有受訪者從市場的競爭性來進行詮釋，認為同志伴侶關係的建立，面對較低的分手困難度（謝文宜、曾秀雲，2005），並無法限制伴侶

認識其他人的機會。誠如Becker（1991）所說的，由於婚姻市場參與者僅能對他們的意中人獲取有限的資訊，在這種情況下，如果婚後仍可以像單身一般，不用付出很大的代價便能結束婚姻關係，那麼即便他們對於結婚的對象並非十分滿意，仍比較容易進入婚姻關係中，因爲他們知道進入婚姻關係中，還是可以「騎驢找馬」。甚至受訪者小尤認爲「你單身的話，不管你是同性戀還是異性戀，就是你是單身，在一個市場上被比較，你是一個比較差的貨色。」擁有伴侶關係亦成爲個人魅力資本來源之一，對擇偶有加分作用。

（二）伴侶的考量條件

1. 年齡與收入

　　根據Kurdek（1995a）調查研究發現，年齡、薪水、教育程度差距大的伴侶選擇，較容易發生在男同志身上。Baugher（2000）進一步指出，男同志在伴侶選擇上，比女同志與一般異性戀者較容易會有年齡上的差距。張銘峰（2002）的觀察研究亦認爲老少配在男同志圈內是常見的伴侶型態。然而，在本章的訪談資料中，男同志擇偶年齡的考量雖然有的人喜歡年紀輕的、有的受訪者強調「我本身也比較喜歡比我年長一點點的」（小E），且有3對男同志伴侶年齡相差10歲以上。但整體而言，年齡相差3歲以下佔半數以上，平均年齡差距4.6歲，可以看出無論是基於安全感、或是擔心年齡差距太大無法溝通，「年齡」對於男同志伴侶關係的建立確實是一個重要的考慮因素，與張銘峰（2002）強

調「老少配」的中年男同志觀察經驗略有些微差異。

相較於男同志在年齡上的考量，本章的受訪者有八成以上的女同志伴侶年齡相差在3歲以下，平均年齡差距2.3歲，與Kurdek（1995a）研究結果相似，認為女同志在伴侶選擇上傾向尋找年齡相仿的伴侶。

至於Kurdek（1995a）提及男同志伴侶「薪水」上的差異，在訪談中確實有4對男同志伴侶其中1個為學生身分、另一半則有一份穩定的工作，在經濟收入上略有差異；但在訪談的過程中，未有伴侶表示「經濟」穩定與否為其擇偶的重要考量因素；反之，女同志受訪者中有3對女同志的擇偶條件強調經濟要能獨立，誠如受訪者小宜所說的，「當然金錢不是絕對的，但是當然不能沒飯吃啊！」

2.個人外在形象

除了「年齡」與「經濟」作為同志伴侶的考慮因素之外，張歆祐（2006）與陳薇帆（2007）均表示男同志擇偶要素反映出「重視外貌」的集體意識，並以注意到對方的特定外在形象作為關係開展的關鍵。在訪談中，筆者亦發現，無論是身材健身、服飾、名牌與美容保養等，或是忠厚老實、陽光、開朗、活潑、成熟、有品味等均為個人外在形象的考量。

「第一眼嘛！……這是不是你的『菜』[type]……是不是你要的型……每個人的型不一樣，有的

是陽光啊！斯文啊！可愛啊！」（小汪）

「這個人外在要給我有感覺！」（小北）

「要懂得如何去打扮自己。」（阿倫）

而其審美標準區分的類型與樣態，包含臉蛋、身材、性別氣質（陽剛／陰柔）、外表（粗獷／斯文）等，每個人有不同喜歡的類型。有人喜歡瘦瘦的、有人喜歡胖胖的、有人喜歡有肌肉的、有人喜歡年紀大的；相對於異性戀者，肥胖往往不受青睞，但是，在同志圈內肥胖者似乎亦不乏追求者（張銘峰，2002），甚至「熊族」形象成為圈內的主流（陳薇帆，2007）。有關於審美標準，《中國時報》（2004）報導進一步指出，同志對於個人外在形象的擇偶偏好在不同的年代有其不同的主流趨勢，過去男同志偏愛壯到不行的健身房型肌肉男，目前已逐漸退燒，轉以健康、快樂、充滿陽光氣息的游泳型男生成為同志圈主流。

其中值得注意的是，在此一擇偶條件看似追求個人外在形象的多元審美標準背後，其實仍然承載著社會的恐同壓力，以致於男同志在其社會人際互動中，必須突顯陽剛特質的認同，「低調」、「隱藏」自己的同志身分（Ross, 1980），且其外在形象擇偶條件亦格外重視男子氣概的陽剛特質（Phua, 2007），即「要像個男人」、「男生要有男生的樣子」。如同賴正哲（2005）描繪的「Man貨」一般，強調「不能C [指camp, sissy，娘娘腔]……男生不像男生！」（小汪）似乎意味著流露出過多女性、陰柔氣質，是烙上同志身

分的象徵標記，將背負著社會的污名。

> 「我覺得那種讓人家很不舒服啦！會讓人家誤
> 解圈內人都是這樣子！……我們喜歡的就是男生，
> 而不是一個像女生的男生。」（小汪）

男同志伴侶性別角色扮演的劃分，強調哥哥／弟弟（葛
格／底迪，或照顧者／被照顧者）不同於男人／女人、先生
／太太、陽剛／陰柔。在訪談中亦不難發現，男同志對於外
在形象「姊妹勿試」的擇偶要件中，刻意區隔陰柔氣質男同
志的界線劃分，呈顯出圈內一股抗 C、拒 C、懼 C 的文化
（王家豪，2002；陳震齊，2006；賴正哲，2005）。

然而，女同志認識初期與伴侶的選擇，即便如受訪者小
Wei 所說，「一定是要有一點胖，對對對！一定要比我大！」
個人的外在形象是否具有吸引力亦為一項重要的擇偶標準。
但與男同志對於膚色、肌肉線條等的擇偶條件相較之下，女
同志對於外在形象的要求似乎多傾向於感覺要好、看的順
眼、長相及格、或是「不能長的太難看」（小法），
突顯出男同志較女同志更為重視臉蛋、身材、外表等「外在
美」。

倘若就女同志性別角色外在形象的劃分，鄭美里（1997）
曾指出，不同於 80 年代過去以 T 吧為代表的 T／婆文化，在
90 年代中期以後，愈來愈傾向「去性別化」，流行以中性、
不分（係指氣質介於 T 與婆之間，不能歸類）的趨勢，強調

女生愛女生，愛戀或慾望的多元化，伴侶的選擇非關性別（台灣同志諮詢熱線協會，2004；張娟芬，2001），甚至於亦有女同志開展出TT戀、婆婆戀的伴侶關係。誠如受訪者小斐所說的，「我主要喜歡的是這個人，而不是因為她是男的或是女的……不知道她是T的時候，我就對她有好感。」面對日趨中性化、去性別化的擇偶風潮，女同志伴侶性別角色的展演與男同志的處境極為相似，認為「T就是要抽煙，……要穿西裝」（小利）強調陽剛的女性形象，反而成為了非主流。誠如受訪者小梅所言，「如果挑一個非常T的，我在想我的父母的那種抗拒可能會很大。」過去T／婆的角色扮演，在90年代中期以後，似乎某種程度已成為「難看的標籤」（鄭美里，1997：129），甚至有受訪者表示，無論是自身的擇偶條件，或是在網際網路、BBS均有女同志徵友條件格外地強調「不能太明顯」。

3.其他考量條件

　　本書在第四章的部分，會深入地討論女同志伴侶關係的發展歷程，其中在伴侶關係的互動與聯繫（兩人相熟階段）將會繼續強調個人特質符合擇偶標準、相似性與互補，以及跨越性別的界線。為避免內文表述重複出現，本章嘗試歸納同志擇偶要件中（除此三點之外），是否還有其他的考慮條件？研究結果發現，有半數以上的同志強調個人內在特質的獨特性、相似性與互補性，亦有半數以上的同志認為儘管其伴侶關係建立與經營未能得到雙方家庭的認同與支持，但多

數的同志伴侶傾向以正面積極的態度，嘗試著努力爭取家人認同的機會，與異性戀者強調家人與社群網絡的支持無異（伊慶春、熊瑞梅，1994; Baugher, 2000; Kurdek, 1998; Sprecher & Felmlee, 1992）。猶如受訪者小丁所說的，「我覺得最大的無力感是來自於說……我們比較沒有……親人的支援，……不可能回家去講。」反之，在兩人互動的過程中，若有家人支持給予兩人關係建立極大的正增強，「家裡覺得說我跟他出去，家裡就會很放心。」（阿Man）亦能強化兩人進一步交往的動機。至於在鄰近性層面，異性戀伴侶關係建立常用的一句話「近水樓台先得月」，即地理、環境空間的地緣鄰近性亦適用於同志伴侶關係的建立，不但節省了彼此交往的成本，亦增加了彼此互動的頻率。

在身分認同層面，相較於男同志，女同志格外地重視伴侶對於同志身分的認同議題，進而強調「不是說把那個生命重擔壓到另外一個人身上去這樣子」（小綠），而是必須要有心去經營、有勇氣面對同志身分與其所處的社會環境，誠如受訪者所說：

> 「她可以承擔她自己當一個女同志的身分，這東西是說她已經學會了，她如果不認同的話就不用談了這樣。」（小綠）
> 「我覺得應該是認同自己是女生，然後你愛的是女生，而不是去仿效異性的模式，這樣我覺得我沒有辦法接受。」（小哩）

「我一定要是女的，一定要有courage！」（小Wei）

此外，根據訪談資料顯示，有三分之一以上的女同志強調自己在伴侶交往之前，並無對於交往對象有性別與性傾向的特別設定。就像受訪者小波所說的，「我從以前也沒有想過……她算蠻勇敢的吧！……因爲她開了口。」呈現出女同志較男同志更爲重視身分認同與同性優勢作爲擇偶考量要素，不同於一男一女異性戀伴侶關係的建立。整體而言，同志伴侶的選擇在個人內在特質（獨特性、相似性與互補性）與外在的社會條件（社會支持與鄰近性）層面，可以看出女同志較男同志更爲重視身分認同與「女人比男人更瞭解女人」的同性優勢作爲擇偶考量要素。

（三）異同之間：性策略與社會交換理論

檢閱過去東、西方研究結果發現，異性戀伴侶的選擇有生理性別的差異。對此，我們不免好奇，究竟同志在非生育性的擇偶考量之下，與異性戀性策略理論有何異同之處？而社會交換理論是否可以運用於同志的擇偶考量？就此，本章進一步嘗試從性策略與社會交換理論的論述，相互對照異性戀者的擇偶條件。

1.性策略擇偶理論

過去文獻指出，異性戀男性注重女性的年齡與外表，反應出異性戀男性以「高度生育能力與潛力」作爲擇偶的考

量；而異性戀女性較重視未來伴侶是否有好的經濟能力，極具生物演化「親職投資理論」（parental investment theory）為最終考量（莊耀嘉，2002；Buss, 1989, 1998; Buss & Schmitt, 1993）。相較於同志伴侶關係的建立，其伴侶關係組合礙於男男、女女的性別配對，無須考量是否生育繁衍的問題，更摒除了生物演化的「親職投資理論」。對此，本章參照不同性傾向伴侶擇偶的條件，首先分別針對男女同志生理性別上年齡、身材與經濟考量層面進行討論，再相互對照男女同志性別角色的差異。

(1) 年齡與身材的審美標準不同

　　Peplau 和 Fingerhut（2007）指出，無論其性傾向為何，男性確實較女性注重外在吸引力，意即男同志較女同志更為重視年齡與個人身材、外表等外在形象。但是，此一研究發現是否可以直接將性策略擇偶理論對應於男同志的擇偶考量？筆者認為男同志對於年齡與身材擇偶標準的實質內涵，與異性戀男性強調女性「年輕、貌美、身材窈窕」的性策略擇偶理論略有不同。就男同志的擇偶偏好層面，雖然有半數以上的男同志受訪者年齡差距3歲以內，強調「年紀不要差太多」（小諾），但亦不乏偏好年輕或偏好年紀稍長的中年男同志。至於在個人身材的擇偶偏好層面，有人偏好體型瘦弱的猴族、亦有人偏好有肌肉線條、或胖胖的熊族，其審美標準伴隨多元化的性別角色，呈現出更為豐富且異質的樣態。

　　至於女同志對於年齡與身材的審美標準，在訪談中無論

T／婆（或是不分），多數的受訪者往往強調「不要太差」、「要過得去」，對於外在形象的審美標準呈顯出一個概括、籠統的概念，似乎與異性戀女性對於伴侶外貌的要求以「順眼端正」加以概括（莊耀嘉，2002）沒有太大的差別。

（2）經濟上平等互惠的伴侶關係

　　在同志的擇偶條件上，是否如同異性戀一般，以女性較為傾向以提供穩定資源的經濟環境為優先考量要件？在訪談中，有四分之一的男同志伴侶一方為學生、另一半有一份穩定的工作，在經濟收入上確實略有差異，但卻未有受訪者表示「經濟」的重要性。然而，女同志伴侶關係的經營中，要不是兩個都在工作、就是兩個都在讀書的過程中彼此認識與建立關係，未能直接反應出經濟上的差距，但在訪談中有3對女同志表示經濟、收入穩定與否為擇偶的重要考量。對此，筆者認為礙於女性勞動市場性別階層化的影響，強調女性工作自主與勞動市場的投入，對於女同志伴侶關係的建立與經營，除了不想依賴別人，成為伴侶的負擔之外，同時，自己也不想被依賴，故而呈顯出女同志伴侶收入的同質性較男同志來的高，更為強調經濟上平等互惠的伴侶關係。反之，男同志伴侶關係建立對於經濟的看法，往往立基於自己是否有穩定的經濟能力，意即當自己的經濟收入穩定的時候，其擇偶要件較不以經濟為重要考量，而當經濟、收入較不穩定時，經濟議題易轉化為擇偶的前提。

(3) 性別角色的差異

　　然而，同志伴侶關係的建立，除了生理性別的差異性比較之外，是否有其 1 配 0、陽剛配陰柔、照顧者配被照顧者、T 配婆等性別角色上的差異？筆者嘗試從男／女、1／0／both、哥哥／弟弟／姊姊／妹妹、T／婆、照顧者／被照顧者／不被分類，進一步探究男同志與女同志性別角色的劃分，是否可以類比或呈現性策略擇偶理論。

　　根據本章訪談資料顯示，男同志伴侶關係的互動 1 號與 0 號只是性行為角色的區別，並不等於伴侶關係中的身分或自我認同（台灣同志諮詢熱線協會，2004；賴正哲，2005）。故而，男同志性別角色扮演「1 號」≠「照顧者」≠「年齡稍長」≠「陽剛」≠「男性角色」，「0 號」≠「姊妹」≠「被照顧者」≠「年紀輕」≠「陰柔」≠「女性角色」，而扮演「照顧者」角色的男同志，其伴侶的選擇並非僅限於「被照顧者」，所謂的「1 號」配「1 號」、「弟弟」配「弟弟」、「照顧者」配「照顧者」等類型的伴侶關係亦呈現於男同志伴侶關係中；換言之，其對應 1／0／both、哥哥／弟弟／姊姊／妹妹、照顧者／被照顧者／不被分類的性別角色劃分，產生出擇偶配對上的交互效果。

　　比方說，扮演「照顧者」角色的「1 號」，不見得是「年紀大」的男同志；反之，其可能是「年紀輕」的「1 號」。而其擇偶的對象可能是「0 號」，也可能是「1 號」，意味著扮演「照顧者」角色的「1 號」，其擇偶對象可能「年紀較大」的「0 號」「被照顧者」（或「照顧者」），也可能遇到

一樣都是「1號」、「年紀較大」（或是「年紀小」、甚至「年紀差不多」）的「被照顧者」（或「照顧者」）。此一擇偶標準伴隨著性別角色的多元化產生交互影響，倘若再加入個人外在形象上陽光／健美／猴／熊等的劃分，以及在男同志男子氣概與陽剛特質的討論，進一步打破男同志以「非男即女」、「非陽剛即陰柔」、「非A即B」性別角色的刻板印象，彰顯出其擇偶類型的多樣化與異質性，似乎無法直接套用或類比異性戀男／女的性別角色與擇偶樣態。

至於女同志伴侶在T／婆的劃分與選擇上，誠如上述的討論，T既非代表主動，婆亦非意味著被動（趙曉娟，2006）。其伴侶關係更是開展出非關性別的TT戀、婆婆戀，在社會角色扮演上跨越了「兩性」差異的想像，以及既有T／婆單一、二元對立的形式。在女同志年齡差距層面，根據訪談資料顯示，受訪者中有6對伴侶「T」的年齡大於「婆」，有5對「婆」的年齡大於「T」，年齡差距並不大，與Kurdek（1995a）研究發現相似。整體而言，同志對伴侶擇偶條件的外在形式考量，強調年齡與個人外在形象，看似乎無性傾向差異；但事實上，就其擇偶的實質內涵，同志與異性戀者強調生物性的性策略觀察意涵確實有所不同，必須有所區隔，不能一概而論。

2.社會交換理論

蔡淑鈴（1994）與楊靜利、李大正和陳寬政（2006）研究均指出，「同質內婚」與「男高女低」是台灣婚姻配對的

主要方式。面對異性戀擇偶市場所呈現的婚姻斜坡，一般家庭社會學最常以結構功能論區分性別角色的分工來進行解釋，認為男性傾向定位於「工具性角色」，提供家庭的經濟資源、保護家人；女性則是扮演照顧家人的「情感性角色」（Bales & Slater, 1955）。然而，社會交換理論以最低成本、最高效益的觀點切入，認為男女分工意謂著完成某些任務而相互依賴，男人靠女人生兒育女、操持家務，女人則靠男人提供食物、居住與保護，此一共組家庭的性別分工形式，其實是伴侶雙方各取所需，互蒙其利資源交換的結果（Becker, 1991）。

　　對此，筆者不禁要進一步探究，異性戀婚姻市場的社會文化層面運作機制，傾向以雙方家族利益為原則，尋求雙方家人的認同，並且得以扮演好媳婦、好媽媽、賢內助角色的伴侶（謝文宜，2005b、2006）；個人層面則以個人最佳利益為考量，男性傾向以高收入、高社經地位換取年輕、貌美的妻子。那麼同志在挑選另外一半的過程中，礙於同志身分的社會污名，其擇偶市場較未能以社會支持系統作為關係劃分的界線，社會交換理論的觀點如同市場買賣商品一般，其自身擁有的資源換取可相配的對象，此時兩人之間雙方彼此交換的又是什麼？面對此一提問，藉由受訪者一次又一次的提問與自我的反省，一再檢視自身與對方的外在條件與內在特質，顯得更為明顯：

　　　「她自己都會覺得，我筆跡又不好，長的也還

好……也沒有特別聰明，反正她自己想不出她自己哪裡有什麼優點，可以說服她自己，相信我是很喜歡她的！……可是其實她是有很多優點的啊！」（小波）

「條件很帥，ㄟ然後這個身高很高，很喜歡往外跑什麼的，可是我就是一直再去比、再去比，其實我在交朋友的時候一直偷偷再比，這個男的可能會是我的下一個。」（小尤）

綜觀上述的討論，無論是年齡、經濟、外表、身高、體能等外在條件均可作為交換的資源，或是個人內在特質（獨特性、相似性與互補性）與外在的社會條件（社會支持與鄰近性），甚至伴侶間彼此惺惺相惜、相互學習，交換得來不易的情感交流、彼此的夢想、未來的方向與老年的陪伴。尤其過了30歲以後，「妳不會只是浪漫的想談一場戀愛，妳會考慮到我跟這個人，未來的可能性。」（小紫）面對此一其擇偶條件社會交換的調查結果，似乎與異性戀者無明顯差異，那麼筆者不禁感到好奇，是否同志與異性戀者擇偶的交換行為都一樣？究竟兩者間伴侶選擇的交換考量是否有其性傾向的差異？對此，筆者歸納訪談資料發現，同志與異性戀者擇偶行為的資源交換差異有三：

(1) 低度的外在社會支持
　　林語堂（1989）曾指出在華人社會底下，「名分」的概

念賦予每個男子或女子在社會上應處的社會位置，是落實角色扮演進入婚姻的重要考量。但對同志伴侶關係建立而言，礙於同志婚姻未能合法化，加上關係經營的低分手困難度（謝文宜、曾秀雲，2005），其擇偶偏好面對低度的外在社會支持與無名無份的伴侶關係，無論如同受訪者小秦強調同志身分出櫃與否的議題，「如果說沒有完全出櫃的話，可能對確認的感覺會更低……我就不可能給一個人交代說，我就是要跟你走一輩子。」或是男生太陰柔，女生太陽剛的外在形象，均增加了尋求同性伴侶關係的成本（Becker, 1991），呈現出拒C、抗C、懼C、「不能太明顯」的擇偶文化。此外，礙於「伴侶尋求很難，要找到志同道合的更難」、「難尋有緣人」，亦使得同志只能盡可能地利用各種形式與資源，努力在擇偶市場中挑候選人，一旦遇到合適的對象，便格外地容易墜入情網。

（2）身分認同

在強制異性戀的社會處境下，對於同志而言，其伴侶關係的建立涉及了彼此對於同志身分的認同。倘若跟一個對自己同志身分認同度不高的伴侶交往，不知道對方什麼時候會動搖自己所建立的同志情誼，進而轉戰異性戀市場，無形中亦等於將自己暴露於瀕臨隨時可能分手的狀態，增加自身投資於此一伴侶關係的成本與風險；反之，倘若自身對於同志身分的認同度較高，亦使得伴侶可以較小的成本，獲得較高的愉悅，在擇偶市場中佔有多一份的優勢。因此，有不少受

訪者在伴侶選擇條件中格外地強調身分認同的重要性。

(3)「去性別化」的角色分工

在社會交換理論中，人們交換的不僅僅是資源種類或是數量多寡的問題，也會進而關注平等互惠的權力關係。同志伴侶關係的建立不同於異性戀伴侶可以用生理上的差異作為伴侶選擇判別的依據，甚至性別角色分工亦不同於Becker（1991）強調雙方各取所需的性別分工交換模式。本章同志伴侶關係的組合及其擇偶條件，呈現出性別角色扮演的多元性與「去性別化」的分工傾向，迥異於傳統異性戀父權家庭男性扮演「工具性角色」、女性扮演「情感性角色」的性別分工，進而以更為平等互惠的方式，走向彈性且「非僵化、非固定，具有「高度多樣性化與流動性」的角色扮演（劉安真等人，2002）。當然，此一去性別化的角色扮演，亦使得同志伴侶的配對樣貌更為豐富。

五、研究結果

根據本章調查結果發現，在缺乏社會性支持的條件下，多數的同志伴侶在獨身、異性戀婚姻關係與同志伴侶關係的選擇與掙扎中，對於關係建立的考量有二：（1）為避免將來後悔，對於同志愛情關係的萌芽階段往往如同鄭美里（1997）所說的，呈現一種「先於」同志的機制，並稟持著有愛無悔的衝動、勇氣與傻勁進入一個承受污名的伴侶關

係。（2）面對社會與家人關注於傳統傳宗接代、養兒防老、男婚女嫁的觀念與期待，對於關係的建立沒有選擇與決定之別，抱持著「走一步，算一步」的心態，彼此都沒有確切的把握兩個人未來是否會進入異性戀婚姻關係當中。

在性策略擇偶偏好的比較層面，根據訪談資料可以看出：（1）男女同志生理性別上年齡、身材與經濟考量層面的差異；（2）在性別角色的差異上，同志不同於異性戀者「男生」配「女生」、「陽剛」配「陰柔」的擇偶樣態，其擇偶偏好擺脫以子女作為考量的「親職投資理論」，審美內涵與標準更是打破異性戀者生物性別的擇偶框架，跨越了既定「1」配「0」、「T」配「婆」、「照顧者」配「被照顧者」的角色分類標準，進一步展現出個人擇偶偏好的獨特性，呈現出更為豐富且異質的樣態，迥異於傳統性別分工的腳本。在社會交換理論層面，綜合上述的研究發現可以看出，同志與異性戀者的擇偶偏好，除了外在社會支持、身分認同與性別角色分工有明顯的差異之外，其餘的部分無論在年齡、經濟、外在形象、內在特質與外在條件等作為擇偶市場中可交換資源的考量，其各個條件之間交互影響、相互搭配，非以單一決定因素的姿態作決定，與異性戀者無明顯的差異。

此外，在同志伴侶兩兩之間交互比較，同志伴侶選擇究竟是採取性策略擇偶理論呢？還是社會交換理論？在其性策略和社會交換條件上的觀點是否全然一致？在個人個別的訪談資料中，如同張榮富（2006）的研究發現一般，筆者認為性策略與社會交換論在擇偶的論述上並非絕然對立、互斥、

不相容；換言之，同志在尋求伴侶的過程中即使極為重視生理性別上年齡、身材與經濟等條件，但仍伴隨著外在的社會環境、同志自我認同與年齡的增長，其擇偶偏好會有所調整。至於在伴侶配對訪談資料的相互比對中，根據訪談資料顯示儘管同志伴侶雙方彼此的擇偶偏好並非全然一致，但在強調個人內在特質（包括興趣、想法、觀念、個性、背景等）的相似性，以及在對方身上看自己企求不得的才能、特質，彼此相互學習或補償個人不足，同志伴侶共同提出此一互惠原則作為擇偶考量因素的比例偏高。

在討論完同志伴侶關係經營可能面臨的挑戰與其擇偶管道後，筆者將進一步於第四章中從10對固定交往1年以上的女同志伴侶交往經驗中，討論她們如何從相識與相熟，甚至進入伴侶關係經營與維持，從中尋覓同志伴侶關係發展歷程的軌跡，進而呈現女同志伴侶親密關係的特殊性。

女同志伴侶親密關係發展歷程之研究[1]

一方面害怕自己會後悔，錯失機會；而另一方面，又擔心因此兩個人不再聯絡，這樣的掙扎往往一幕幕地、不斷地出現在大部分同志伴侶關係建立之始。

1　本文編修自謝文宜（2008）〈看不見的愛情：初探台灣女同志伴侶親密關係的發展歷程〉。《中華輔導與諮商學報》，24，181-214。為實踐家政文化基金會補助「同志伴侶親密關係維持與承諾之歷程研究」所發展出的階段性論文之一。初稿曾發表於2005年女學會與台大人口與性別研究中心聯合年會「女性主義：知識生產與實踐」學術研討會。台北：實踐大學。2005年10月9日。

一、緒論

　　根據1995年台灣「同性戀人權促進小組」問卷調查[2]曾指出，有85%以上的同志支持同性婚姻合法化，有40%以上的同志渴望與伴侶結婚，宣示對彼此的承諾（梁玉芳，1995）；2006年台灣同志諮詢熱線協會（以下簡稱「熱線」）針對台灣同志情感與家庭的問卷調查則指出，有89%同志認為台灣應該要開放同志婚姻合法化，並有57%同志表示「若台灣同志婚姻合法之後，將會願意結婚」。此外，根據熱線歷年電話諮詢統計紀錄與朱淑娟（2005）的報導，自1998年成立以來，諮詢內容主要以感情問題為大宗（例如：2003年感情問題佔18%；2004年佔18.88%；2005年感情議題佔39%），益發彰顯出國內男男、女女同志族群日漸勇於表現自身的情感需求，以及親密關係實務工作上的迫切性。

　　然而，相較於男同志，女同志伴侶關係的社會處境，不但承受傳統父權對女性的制約，同時又得面對社會對同性戀者的污名與歧視（吳昱廷，2000）。倘若到了適婚年齡，甚至超過適婚年齡，尚未進入婚姻的話，往往罪加一等，開始被貼以「眼光太高」、「太會挑」、「男人婆」、「老處女」

2　這項調查於1995年4月開始進行，由訪員在新公園、T吧或gay吧（女同志或男同志聚集的酒吧），以及大學的同志社團發出問卷，共計女同志回收120份，男同志回收142份。其受訪者人口結構統計結果，以21到30歲、大學以上學歷者為多。

的社會標籤，普遍被認爲「沒人要」、「條件太差」、「有問題」、「有缺陷」（郭育吟，2003；陳珮庭，2004），使得女同志在親密關係的經營當中，落入異性戀霸權與父權制度作用下雙重弱勢的窘境，在日常生活中往往獨自承受極大的壓力。

令人好奇的是，面對如此缺乏社會支持的大環境，這一對對的女同志伴侶，究竟如何在日常生活當中發展親密關係，進而以實際的行動，走出關係經營的一片天地。據此，筆者嘗試以回顧過去既有的文獻發現，尋覓國內、外對其親密關係相關記錄所留下的痕跡。

（一）國內、外同志伴侶親密關係的研究與方向

西方社會同志伴侶的相關研究文獻無論是質化的訪談、量化的問卷調查，以及實驗室錄影觀察等不同的研究方法（Gottman, Levenson, & Gross et al., 2003; Gottman, Levenson, & Swanson et al., 2003; Julien et al., 2003）均有長足的發展，進而對男、女同志伴侶關係進行比較分析與詮釋（Baugher, 2000; Green, Betting, & Zacks, 1996），甚至運用時間序列，比較不同階段的伴侶生活，深入至同志家庭的親密關係，探討關係品質、滿意程度、關係如何維持（Blumstein & Schwartz, 1983; Kurdek, 1998, 2003; Kurdek & Schmitt, 1986a; Peplau & Cochran, 1981, 1990），以及面對衝突時的溝通與互動（Julien et al., 2003; Metz, Rosser, & Strapko, 1994）等。

相較於國外研究的蓬勃發展，反觀國內在同志親密關係

的相關研究，尚屬起步的階段。以張銘峰（2002）、莊景同（2000）、陳姝蓉等人（2004）為代表，試圖從個人的生命故事自我述說（self-narrative）呈現男男、女女情慾流動過程，以及愛滋病毒感染者在疾病與親密關係間的拉扯，突顯社會價值規範與家庭的壓力、個人自卑／孤單／獨立自主／依靠依附、關係的親密／疏離／衝突／和好，各種力量對於情慾隱現的拉扯與糾葛過程。在伴侶諮商的討論層面，郭麗安和蕭珺予（2002）、Greenan 和 Tunnell（丁凡譯，2005）則引進西方同志伴侶諮商經驗，逐步打破傳統的刻板印象；趙曉娟（2006）採敘說分析的方式，將女同志愛情發展區分為愛情內涵與愛情歷程兩部分。至於其他同志伴侶關係相關的研究，多傾向以個人自陳式的生命故事分享同志伴侶間的情感糾葛，並將同志伴侶親密關係的探討視為生命歷程與身分認同階段的其中一部分，以單元說故事或專題文章的方式呈現，散落在社會處境、身分認同與現身、同志運動等等各個不同研究領域的探討。整體而言，國內在同志伴侶關係經營的相關研究上，缺乏單純針對女同志伴侶親密關係的論述與分析，並且缺乏對偶資料整合與實證資料，建構完整伴侶關係的圖像。對此，筆者認為我們對於親密關係的理解宜應跨出原有的框架，尋求伴侶關係經營的典範，進一步探討女女之間親密關係發展的多元樣貌與雙方承諾的動態歷程，以呈現不同階段之發展歷程。

（二）同志與異性戀伴侶關係之比較

　　根據西方社會與國內對於親密關係發展研究成果與實徵經驗顯示，無論是同志伴侶或是異性戀者，均覺得一份穩定的關係可以提供情感上與陪伴上的需求如果在可以選擇的情況下，雙方都希望追求並維持一個穩定的伴侶關係（Julien et al., 2003; Slater, 1995），而女同志又較男同志與異性戀伴侶重視正面、穩定的溝通與互動，尤其在情感表達與投入程度上，女同志較男同志伴侶更為在意（謝文宜、曾秀雲，2005；Gottman, Levenson, & Swanson et al., 2003）。然而，謝文宜和曾秀雲（2005）的研究則指出，同志伴侶在外在其他可能對象之吸引力、衝突的情形與愛的投入程度層面，與異性戀者相似；本書第七章亦將進一步提到，女同志伴侶關係的經營比異性戀者有較高的自我揭露、信任、愛與關係滿意度。整體而言，如同本書第一章的描繪，台灣同志伴侶在親密關係的經營上，相較於異性戀伴侶，必須承受更多的家庭與社會壓力，遠遠超過異性戀的伴侶所能想像的。

　　有鑑於上述的研究成果，面對國內傳統的文化規範，由於喜歡的對象是同性，因此相較於異性戀者，必須承受更多外在的壓力。至於同志關係經營的比較層面，又以女同志較男同志伴侶更為注重兩人細膩的情感互動，可以看出女同志伴侶親密關係發展的特殊性。但是，也有研究顯示，人與人的交往原本就是一連串的互動歷程，而同志伴侶親密關係的發展亦是如此。對此，Slater（1995）建議我們，倘若在研究中要進一步思考女同志與其他伴侶關係發展的異同之處與

特殊性，必須將女同志伴侶的親密關係常態化，進而在相同的發展階段檢視其中異同之處。因此，本章在女同志伴侶親密關係發展歷程的討論上，筆者參考Slater（1995）的前三個階段：伴侶關係形成（formation of the couple）、持續伴侶關係（ongoing couplehood）與中期階段（the middle years）作為論述的起點，並嘗試立基於過去國內、外經驗研究的成果整理，以Levinger 和 Snoek（1972）所提出的關係發展模式，將關係發展劃分為相識（awareness）、相熟（surface contact）、與相互性（mutuality）三階段。考量台灣特殊的社會處境與諮商實務工作上的迫切需求，透過10對交往一年以上的女同志伴侶發聲與自我詮釋，思索女同志伴侶親密關係的建立，究竟是如何在台灣社會特殊的文化規範下，兩人從相識、相熟，進而得以維持伴侶關係，呈現出女同志伴侶雙方實際互動的內涵。

二、研究方法與對象

（一）研究方法

　　鑑於親密關係的建立與發展由伴侶雙方共同組成，為避免單就一方、個人自陳式地理解伴侶關係的經營，而忽略了雙方的互動；因此，本章定位為探索性研究（explorator research），以配對研究（pair research）視「關係」為研究的單位，邀請伴侶雙方共同參與研究。透過二階段半結構式深度訪談的方式，給予關係中的伴侶雙方同等的發聲機會，以

便瞭解伴侶雙方對於關係經營的主觀詮釋與意義，蒐集更多、更豐富的資料，展現伴侶關係互動的意涵，試圖增加研究的深度與廣度。

在第一階段的訪談當中，筆者邀請伴侶雙方彼此分享，嘗試共同勾勒出當初兩人相識、相熟到關係經營與維持的雛形；並藉由第二階段的個別訪談，為受訪者創造出足夠的獨立發聲空間，進一步邀請受訪者針對第一階段訪談內容所勾勒出的伴侶關係圖像，談談個人對於當時進入伴侶關係的想法與感受。藉此二階段的訪談設計，一方面避免直接以個人訪談蒐集資料，可能造成伴侶雙方資料衝突的窘境；二方面，透過第一階段共同訪談勾勒出關係經營歷程的雛形，亦容易使得第二階段的個人訪談內容更為聚焦；三方面，則可避免伴侶雙方因不同的感受與意見，干擾彼此的訪談內容。

（二）研究對象

Slater（1995）依據研究經驗指出，伴侶關係與家庭系統的建立最少需要1年的時間，且在女同志伴侶關係建立1年以後便會開始產生關係黏膩（fusion）的問題。因此，筆者進一步在受訪資料中挑選出10對目前正經歷女女同性之間的情愛關係，且固定交往1年以上的女同志伴侶作為關係發展歷程分析的對象。

在10對女同志伴侶當中，年齡的分佈從22至42歲之間，平均年齡32.3歲，成連續分佈（如附錄），其職業類別含括公、教、商、工、服務業，以及在學與畢業待業中的學

生，教育程度分佈於高中職～研究所之間，兩人交往時間平均長達5年6個月，有8對伴侶住在一起，其中有1對伴侶曾經有過異性戀婚姻的經驗。

（三）訪談資料分析

由於本章在親密關係發展階段的討論上，主要集中於關係形成與維持，提出伴侶關係的形成、互動與聯繫、關係的交往不同階段的發展，並突顯出女同志伴侶關係經營的特殊性。因此，在訪談資料分析的內容涵蓋了以下幾個部分：

1. 請問您倆是如何認識的？
2. 當時是什麼樣的考慮之下，讓您倆決定在一起？
3. 在交往的過程當中，有沒有曾經發生什麼樣的事件影響著您倆關係的經營？
4. 那是什麼樣的想法之下，讓您在這關係中願意有更多的付出？

為避免筆者個人主觀看法影響資料分析，因此嘗試透過參與者檢驗，將訪談與整理的資料，以電子郵件的方式寄給受訪者，並徵求研究參與者的意見與看法，作為補充，以提升研究的可信度。此外，筆者亦於每週一次的會議中，與投入本章案的同仁共同討論、分析訪談的觀察與內容，以修正筆者本身的偏見，力求較為客觀的方式來呈現訪談內容。至於在資料分析的呈現上，筆者保留了些許訪談中伴侶雙方的對話內容，試圖呈現女女伴侶親密關係發展的多元樣貌與雙

方承諾的動態歷程，作爲國內同志研究論述與實務工作對話反思的基礎。

三、研究發現

（一）伴侶關係的形成：兩人相識階段

　　根據本章10對女同志的交往經驗顯示，有4對伴侶是從匿名性較高的網際網絡開始著手認識朋友，3對伴侶傾向選擇在既有的同志社群與交友管道上，透過T Bar、同志團體活動、同志刊物、第三者的介紹，努力追求愛情與尋覓伴侶；而另外3對則是在工作場域、學校等異性戀的空間，與異性戀者角逐、競爭，先認識對方，從友誼的建立開始發展，進而有所試探與評估，辨識對方對同志身分的接受程度，尋求可以接受自己同志身分的伴侶。整體而言，可以看出女同志伴侶認識交往的管道，不如男同志一般，有新公園、戲院、同志酒吧、同志三溫暖等提供聚集活動的地理據點（張銘峰，2002；賴正哲，2005）。對女同志而言，除了利用網際網路的便利性之外，目前的公共空間只有T Bar形式，找到伴侶的機率比較小，若不喜歡去Bar，大部分是要靠女性主義、同志團體組織活動、出版刊物、教會的活動串連，或是透過朋友的人際網絡，經由第三者的介紹與安排（汪成華，1995）。以阿豬與阿花的交往爲例：

「因爲我們都是在一個BBS網站認識的。」
（阿花）

「透過她的學姐認識……大家一起約出去玩，
然後她學姐就放我們鴿子。」（阿豬）

倘若在一般日常生活當中，自己沒有上網，也沒有與同
志社群接觸，不參與任何的同志活動，在伴侶的尋求過程
中，較不容易透過人際網絡形成支持性的系統，而覺得「沒
有什麼管道」（小敏）。這個時候，便必須在異性戀的空間
中，憑著個人的觀察與判斷，從朋友開始發展友誼，再進一
步試探彼此是否有發展的可能性。如同Tina與Annie的交往
經驗一般：

「就是我們是工作上面認識的……因爲我在看
一些有關性別的書……她看到就覺得……就怎麼會
有人看這一種書。」（Tina）
「其實我不一定是嗅到她的身分出來……剛好
看到她的書，還有她聊的內容，就是剛好是我有興
趣的，就開啓那個話題，然後就開始進一步的認
識！」（Annie）

綜觀上述的討論，筆者發現女同志伴侶關係的形成與異
性戀最大的差異點在礙於社會壓力，其伴侶關係較無法赤裸
裸的、不假掩飾的直接向愛慕者表白，促使許多女同志面對

自己的情感發展，在認識交往之前，往往必須小心翼翼地隱身於異性戀當中，以減少不必要的現身風險。如同Annie在面臨表白之時的掙扎一般：

「我應該要好好把握，可以試試看……因為我覺得如果我不下這個決定她會跑掉耶！……她可能就要變成一個朋友，或是甚至可能就不會再聯絡，我覺得那個很可惜！」

一方面害怕自己會後悔，錯失機會；而另一方面，又擔心因此兩個人不再聯絡，這樣的掙扎往往一幕幕地、不斷地出現在大部分同志伴侶關係建立之始。對異性戀伴侶關係的經營而言，表白、戀愛、交往似乎是兩個人的事；但是，對於同志伴侶而言，表白作為一個彼此說服的過程，不但要說服對方，也要說服自己，其背後承載的社會壓力，以及自我認同的問題，往往讓人不知所措。至於在其他層面上，無論是在地緣、背景、環境上的相似性、第三者介紹、偶然的狀況下相遇（如網路上的相遇）等，女同志伴侶關係認識管道與張思嘉（2001a）、卓紋君（2000b）的研究成果無明顯差異。

（二）伴侶關係的互動與聯繫：兩人相熟階段

然而，在兩人相遇後的發展，究竟如何從認識到相互的接觸，進而發展成伴侶的可能性？在女女伴侶關係的相互吸

引與擇偶的條件上，筆者進一步歸納訪談資料發現，其伴侶關係相互吸引的眾多因素中，主要分爲個人特質符合擇偶標準、相似性與互補，以及跨越性別的界線三個部分，而其各個條件之間會交互影響、相互搭配，伴侶間交往的考量並非以單一決定因素的姿態作決定。

1. 個人特質符合擇偶標準

Hatala 和 Prehodka（1996）研究曾指出，男同志對伴侶的外貌比女同志更感興趣。筆者在訪談當中則發現，對部分受訪者而言，其關係認識的初期與伴侶的選擇，雖然強調兩人關係的互動，但以「外表」作爲外在吸引力仍是一項重要的擇偶標準。誠如受訪者所說的「要看得順眼」、「樣貌要及格」一般。

> 「我蠻看外表的，而且，我覺得那個人看的順眼很重要！」（Tina）
> 「長相，外貌要及格！」（Casper）

至於在其他的選擇條件上，筆者整合訪談結果發現，與異性戀兩性吸引的擇偶條件頗爲相似，對方的人格特質與能力是否符合自己的擇偶標準，包括，年齡、個性、特質、能不能聊得來、經濟能力等考量，均是決定彼此是否能夠進一步交往的因素。

「她的個性很開朗，會很活潑……很可以跟我
聊的來……一搭一唱。」（Annie）
　　「一個是要聰明，一個是要漂亮，一個是要有
錢。」（小敏）

2.相似性與互補性

　　卓紋君（2000b）在訪談100位異性戀者的戀愛經驗研
究中，曾指出有28%的受訪者提及，由於兩人在交往的過程
中覺察彼此的興趣、想法、個性、背景相似，進而對彼此產
生情感。然而，在女同志伴侶關係交往的過程中，本章亦有
類似的發現。從初識到成為情人的交往過程中，以友誼的發
展作為出發點，慢慢透過聊天來確認彼此的價值觀與想法是
否契合，興趣與個性是否合的來，進一步彼此分享、討論，
醞釀愛情關係。

　　「當然也有共同的興趣，然後價值觀、理念上
也很接近。」（瑩）
　　「我們有很多觀點、觀感都是一樣的……覺得
說跟這個人怎麼會蠻……好像蠻合的。」（圓圓）

　　除了相似性之外，卓紋君（2000a、2000b）在異性戀
伴侶關係的研究中曾指出，在對方身上看見自己企求不得的
才能、特質、個性，欣賞對方的好處與優點、期望從對方身

上獲得滿足感以補償個人不足，亦為構成兩性吸引的因素。在訪談的過程中，筆者發現，不僅限於異性戀者，對女同志伴侶關係互動亦是如此。就像受訪者所說的：

> 「這些我沒有的特質，其實會很吸引我的啊！」
> （瑩）
> 「真正撮合我們在一起東西是那個互補的東西。」（小樹）

可以看出女同志伴侶關係從認識到進一步的接觸，其中也包含伴侶雙方彼此互補、相互學習的部分。此外，鄭美里（1997）在文章中提醒我們，在女同志伴侶親密關係中，相似與互補性除了在個人的日常生活經驗與個人特質的吸引之外，在自我形象、伴侶關係與情感慾望三個層面上，T／婆角色的分野更是基於「差異」的原則，而彼此互補；至於性別氣質介於T／婆之間，不能或不願意被歸類的「不分」伴侶則是基於「相似性」，強調與同樣都是「不分」的女同志相處最舒服。

3. 跨越性別的界線

以瑩與小敏的交往為例子：

> 「我最深刻的印象，就是在那個的同時，我心裡想著的不是以前男朋友，也不是其他的人，是小

敏……妳會朝思暮想的人啊！」（瑩）

「一開始那時候瑩會直接跟我講說，她說她會
是百分之百的異性戀。」（小敏）

可以看出在兩人的相處與互動中，儘管被社會框架為異
性戀者，但就愛情的本質，從朋友做起，建立友誼，逐漸開
始會思念對方，進而希望為對方著想、付出、參與及分享彼
此的生活，相互扶持、從事共同的活動，其實是不分性別
的；意即在伴侶關係的交往與互動上，跨越了男男／女女性
別選擇的框架。如同受訪者所說的：

「性別其實只是一個人很多特質裡面的其中一
項。」（瑩）
「我認為不管是男生或女生，只要這個人讓我
覺得她是很愛我……我很能夠安心，我這樣就夠
了！」（Anne）

以一個較為開放的態度，將性別視為個人特質的一環，
不再具有伴侶選擇的決定性意涵，進而如劉安真（2001）在
論文中所提及，打破「非異即同」二元對立的刻板印象。至
於在伴侶抉擇的內涵層面：

「我沒有特別覺得說自己只能跟女生在一起，
或是不能跟男生在一起……但是，我會愈來愈覺得

跟女生在一起我的感覺是比較舒服的……是好的。」（貝塔）

「畢竟女人有些地方是可以去瞭解妳……心靈上，是比外在是什麼樣的關係重要！」（Alice）

可以看出女同志伴侶關係建立的過程中，不同於異性戀的交往關係，男、女性別的差異並非選擇重點，重要的是對伴侶的感覺，與心靈上的交流，是否願意在關係中有更多的傾聽，進而產生平等與尊重的對等關係，似乎「女人比男人更瞭解女人」這種同性的優勢，亦在親密關係互動當中彰顯出來。

（三）伴侶關係的交往：關係的經營與維持階段

本書第一章曾指出，在異性戀的婚姻體制下，同志伴侶關係必須面臨來自法律、文化、價值觀念、家庭關注與自我身分認同等不同力量的相互拉扯、辯證與衝突，可說是內憂外患，對其關係的經營與維持影響甚鉅。值得令人注意的是，在如此缺乏社會支持的大環境中，究竟是什麼力量促使這一對對的女同志得以維持其伴侶關係？除了本書第一章中所指出，創造認同與支持的社會網絡，強調伴侶關係中的相互學習與扶持，交織著情人／朋友／家人的角色，共同創造維繫關係契機，並以承諾體現在日常生活與未來規劃的實踐之外，還有別的參考方式嗎？

對此，研究發現伴隨著交往蜜月期的結束，往往是伴侶

重新檢驗兩人關係的關鍵時刻；因此，伴侶雙方如何在日常生活當中進行協調與互動，顯得格外的重要。畢竟關係的經營不僅僅是個人的問題，而是兩人共同營造出來的，故而伴侶如何看待與因應雙方個人生命週期的差異，對於關係的經營與維持階段亦顯得極為重要。

1. 日常生活的協調與互動

（1）家事分配與家務決策的彈性協調

在家事分配與家務決策上，Bohan（1996）強調由於女性主義運動的推行，喚起了人們對於傳統男性至上的父權關注；因此，對同志伴侶而言，多依照個人的專長與興趣來進行分工，而不是僵硬地執行傳統的刻板印象，尤其是女同志伴侶關係的經營，更是如此。在本章的訪談中，亦有超過半數的受訪者表示，家務分工的本質無關性別，重要的是，這些衣物總得有人洗、家務總得有人做。如同阿丹與圓圓說的：「維持家裡乾淨是兩個人共同要有的」（阿丹），「不是說我們為誰、為誰改變，我覺得是共同的理念啦！就是說為了這個家……」（圓圓），並且強調兩人親密關係的經營，往往是透過協商與討論，雙方共同且平等地參與日常生活中家務分工與家務決策（Blumstein & Schwartz, 1983; Kurdek & Schmitt, 1986a; Peplau, 1982; Schneider, 1986）。

　　「『T』她也是一個女人嘛！……我覺得不需要學男孩子那一套。」（圓圓）

「約定成俗耶！時間久了就是誰做什麼……就
是個人好像有特殊癖好不一樣。」（Annie）

「一起互相啦！就像妳說的，我真的沒有空，
那妳洗衣服，妳就幫我洗……我們是沒有特定去分
誰做啊！」（Pat）

當然，在訪談中亦有少數的伴侶，兩人關係的分工猶如
鄭美里（1997）與張娟芬（2001）所描繪90年代，分明的T
／P角色一般。例如，受訪者小花對於兩人關係的形容：
「她房間很亂……我就會幫她整理……她很像老爺子妳知道
嗎！她就坐在那邊看足球賽，然後看報紙說『我餓了』……
就很像男人。」但是，整體而言，無論其性別角色是T／
婆、或是不分，多數的受訪者表示，家務分工與家務決策無
關乎性別角色的扮演，而是「約定成俗」、「視情況而定」。

（2）伴侶關係的謀合

在伴侶關係的經營與維持階段，隨著兩人交往時間的積
累，雙方也逐漸瞭解彼此真實的樣貌（包括：思考、習慣與
價值觀念等）；此時，如何面對彼此的差異，學習接納對
方，進而調整關係中的差異，彼此相互謀合，亦極為重要：

「我第一次為她準備早餐的時候……我買了
七、八個麵包……然後，她告訴我說『我可不可以
只喝牛奶？』……其實我心裡是難過的……後來慢

慢相處，才知道她喜歡什麼。」（圓圓）

「我們已經找到一種比較溝通的模式⋯⋯反正
就是一直吵來吵去⋯⋯然後可以一直吵到很老的時
候。」（小樹）

如同Levinger（1983）強調從交往到伴侶關係的維持，
重要的是在關係面臨低潮時，衝突能不能相互謀合，培養出
兩人互動的默契與溝通的模式。就此，郭麗安和蕭珺予
（2002）亦表示，健康的同志伴侶關係猶如健康的異性戀夫
妻一般，在伴侶關係的經營與維持上，必須相互承諾、尊
重、分享彼此的感受，相互成長。當然，在互動的過程當
中，會有吃醋、吵架、衝突的謀合時期。甚至交往多年，亦
有感情破裂、外遇出軌等問題的發生，涉及財產、撫養關
係、角色的分工模式等問題（Bell & Weinberg, 1978;
McWhirter & Mattison, 1984; Schreurs, 1993）。

其中值得注意的是，在訪談中筆者發現，由於伴侶雙方
的衝突會增加關係經營的成本（Duffy & Rusbult, 1986），有
鑑於同志伴侶關係建立與經營的不易，致使女同志伴侶面對
兩人關係的謀合時期，較容易在其互動過程中，較會以正
面、穩定的溝通方式來避免衝突。以Alice與阿丹的互動經
驗為例：

「常常溝通⋯⋯大概有什麼問題我都會跟她
講。」（Alice）

「真的要溝通啦！最好是不要把事情放在心裡……當妳覺得說這件事情好像不太高興，我比較會去想，換個角度去想她的好，我馬上就會忘記我生氣的部分。」（阿丹）

如同受訪者阿豬強調「要找到一個差不多，跟自己一樣的很難！……要挑一個興趣相同的也很難。」面對得來不易的愛情，多數的受訪者遇到衝突，伴侶雙方均較願意給予彼此更多的機會，多花一點的心力去解決，促使兩人更為親近，與Gottman, Levenson 和 Swanson 等人（2003）、Hill（1999）、Metz等人（1994）的研究發現相一致。對此，筆者頗為同意受訪者在訪談中的表達：其實說穿了，伴侶關係的經營就是「甘願做，歡喜受」，「就是妳甘心的，妳做的很快樂的……就覺得給妳快樂、給妳溫馨，是我的責任」（圓圓）、「是她自己甘願啊！」（Leon），甚至「會覺得說『她就是我生活的一部分的東西了』……『因為我愛這個人』……其實就是我願意為妳做」（圓圓）、「妳有用心對方一定會知道」（阿丹），並且認為在日常生活當中，簡單就是一種幸福。

2.面對彼此個人生命週期的差異
一般夫妻在關係經營的過程中，往往會隨著年齡的增長，以及子女的出生，而有不同的關係經營階段。然而，在訪談中筆者亦發現，伴隨著年齡的增長與成熟度的不同，其

伴侶關係的穩定度與所遇到的問題亦有所差異。例如：在讀書期間，由於住在家裡，其伴侶關係的經營最常面臨到的問題多以課業、經濟獨立自主與兩人約會時間的安排爲主，對於兩人未來的生活多半有其不確定性。而在畢業，踏入職場之後，則開始會面臨到職場上的壓力、家人與同事對於自己情感生活的關切，以及相親活動的安排：

「譬如說親朋好友會問說『有沒有男朋友呀！』然後有的時候常常出去就會被問說『我到底都是在跟誰出去？』可是永遠都是辯說『是跟同學、跟朋友、跟社團出去！』」（阿花）

「面對父母親每天光明正大地告訴我說也許哪一天要幫我相親……但是，我又不能跟他們講……還得必須忍受不能跟她常常跟她見面。」（Pat）

「25歲的時候我會有工作的焦慮，30歲的時候我會有結婚的焦慮，然後可能我35歲會有成就的焦慮，就是每個階段都會有不同的焦慮這樣。」（小花）

直到「過適婚年齡以後喔！我覺得比較大的問題已經不是社會壓力了。」（小樹）對於中年女同志伴侶來說，伴隨著年齡增長、經濟穩定與生活經驗的積累，在同志身分認同上愈來愈有堅定的信念，也愈來愈清楚自己想要追求的是什麼。因此，在伴侶關係的經營上，也較不易受到別人眼光等

外在因素的影響，進而發現到生命的有限性，關注於未來老年生活的規劃，兩人如何相互扶持、相互照顧，以及死後財產、醫療、保險的問題。如同受訪者T與Leon所說的：

> 「我死亡的時候，她依然拿不到我任何的東西，我只能在別的地方鑽法律漏洞，想辦法說，如果我死掉的話，我家裡的人搶不到這些東西！」（T）
>
> 「萬一我掛了[指死亡]……我家人不可能再對妳照顧，妳家人也可能不再對我照顧，那我的保險受益人就是妳。……是我可以唯一在這個世界遺留給妳。」（Leon）

倘若伴侶雙方年齡差異較大時，則容易產生兩人生活經驗與生涯規劃的緊張，如同受訪者小樹所說的：

> 「她有那種剛到社會沒有很久的那種徬徨，不曉得說她未來人生要做什麼……她要不要去跟人家去爭那個升遷的位置呀！……可是我覺得我已經到中年危機了……我此時此刻在面對的問題[指對老、病與生命死亡的恐懼]……對她來講還太遠……她在經歷的問題是我沒有興趣的，因為那東西我已經走過了！」

整體而言，可以看出女同志伴侶親密關係的經營，依其

年齡、成長背景、過去的經驗的不同，其所面臨生命週期的需求亦有所差異。因此，在親密關係的經營與維持階段，伴侶如何陪伴、包容、體諒對方，兩人如何共同攜手經歷生命的不同階段顯得格外重要。

（四）女同志伴侶親密關係的特殊性

> 「她媽常常這樣子說『變態！同性戀！』」（圓圓）
> 「我媽就講說……鄰居說『妳女兒不太正常！』」
（Leon）

誠如上述，可以看出女同志伴侶關係身處的特殊脈絡。對此，筆者欲進一步從若隱若現、純粹而黏膩的伴侶關係，以及多元彈性的性別角色三個面向，來談對其親密關係發展歷程的交互作用：

1.若隱若現的伴侶關係

女同志親密關係發展歷程的獨特性，首重於伴侶關係經營的社會處境，及其衍生而來的歧視與偏見，如同受訪者T與小敏描述兩人關係交往的初期一般：

> 「以前，她在路上不會跟我牽手，她也不會跟我走，靠在一起，只是前後，或是左右，其實她的潛意識裡面她還不承認她自己是同志……[過了好

幾年，分手復合之後]我跟她談……『為什麼妳跟我走路總是保持距離，而且我在妳朋友面前是隱形』……她才願意在路上牽著我的手，牽著我的手，不怕別人看。」（T）

「她跟男性之間的關係，實際上是永遠存在著可能性……我總是認為說，當碰到社會壓力的時候，當妳必須選邊站的時候，我並不認為我是那個會被選的那個部分。」（小敏）

面對外在的社會壓迫，進而導致於伴侶關係的內在矛盾與衝突，致使許多女同志伴侶關係的經營，隱藏著不安全感與恐懼，擔心自己與男性競爭的過程，目前的暫時優勢會不會隨時消逝。也因此，其伴侶關係的經營較容易引發嫉妒、吃醋、佔有慾較強，對其身分的自我認同也容易產生動搖。即便伴侶關係的發展到了經營與維持階段，仍然有受訪者表示，由於無法與家人、朋友分享自己沈浸於愛情的喜悅，因此，只能如同阿法與貝塔的關係一般，關注於兩人的世界：

「我們兩個在一起的時間是蠻長的啦！也不會刻意……喜歡一起出席朋友的場合，是很少幾乎沒有……因為也沒有這種共同的朋友。」（阿法）

「就在一起的時候，比較多單獨跟對方在一起……只是跟她互動的時候，就不跟別的朋友互動。」（貝塔）

或是，經營著隱形般的伴侶關係：

> 「她[指奶奶]跟我說她幫我找了相親的對象
> ……我總不能跟她說：『不行！我已經有我的朋友
> [指女朋友]了』，我不能那樣講！」(小五)

> 「當有人問我有沒有男朋友的時候，或者是說
> 有人要幫我介紹男朋友的時候，那就麻煩啦！」(瑩)

突顯出女同志伴侶親密關係發展歷程中，不斷浮現內在
的不安全感，焦慮、恐懼、擔心、害怕自己同志的身分無法
如同異性戀夫妻一般，給予對方一個名分。其中值得注意的
是，面對整個社會大環境的不友善，接踵而來相親活動，親
朋好友的關切，或是在學校、職場上的過度關注，為避免兩
人不必要的緊張與壓力，多數受訪者仍選擇低調的生活模
式，經營著若隱若現的伴侶關係。

2. 純粹而黏膩的伴侶關係

劉惠琴（2001）研究曾指出，在傳統伴侶關係的互動
中，所看重的不僅僅是關係中兩個個體，而是關係中所扮演
的角色。但是，同志伴侶關係的經營，就如同第一章所提到
的，鑑於身分的邊緣化與隱蔽性，在缺乏社會資源的情況
下，致使其親密關係的發展較容易發生羅密歐與茱麗葉效應
一致對外，摒除了傳統進入以夫家為主軸的婚姻關係，以及
「男婚女嫁、延續宗族命脈」的傳統文化腳本；因而，相較

於異性戀者，顯得更爲純粹（謝文宜、曾秀雲，2005）。誠如受訪者所說的：

> 「異性戀婚姻會經歷生孩子、結婚、生孩子、家族，孩子長大，一直有事件讓你們往下走，可是同志沒有，所以我們二個交換的不是孩子呀！社會責任呀！兜成一個家，我們交換的是夢想、未來還有老年的陪伴。」（小花）

　　面對得來不易的愛情，由兩個女人所組成的伴侶關係，更爲強調兩個人的互動，也使得彼此更有意願來解決問題；同時認爲唯有帶給彼此足夠的滿足，共同創造伴侶關係，兩人的親密關係才能繼續維持。訪談中受訪者小敏亦指出：「我常會跟她講說：『如果哪一天我們兩個真的吵架的時候，連一個可以來做和事佬的朋友都沒有』……我覺得親密關係裡面又太侷限於就是兩個人。」關係經營的高度期待與彼此黏膩的依賴，會使得雙方慢慢的失去自我感（趙曉娟，2006）。當關係中的衝突隨著互動時間增長而增多時，其所產生的擴大效果，容易引發小事件的高度緊張，彰顯出女同志的純粹而黏膩的伴侶關係（Giddens, 陳永國、汪民安譯，2001），亦與Krestan和Bepko（1980）的研究成果一致。

3. 多元彈性的性別角色

> 「對我而言不是很重要[指T／婆之分]，因爲我
> 自己會覺得每個人會有個性差異，我們也會因爲個
> 性差異使得一個人比較強悍，一個人比較柔弱。」
> （貝塔）

> 「我後來就覺得T模T樣讓我其實不是這麼自
> 在……是T、或是不分、或是婆，對她來講、對我
> 來講不是很必要。」（阿法）

誠如受訪者阿法與貝塔的描述一般，張娟芬（2001）曾
指出，T／婆是用來區辨女女關係中性別角色的重要概念，
在女同志社群裡有一定的普遍性。但是在90年代之後，伴
隨著女性主義與同志運動的發展，T／婆似乎不再是女女關
係中一定會出現的問題（劉安眞，2001）。鄭美里（1997）
在文中亦指出，在女同志社群裡，性別角色的扮演不再只是
兩極化的T／婆，「不分」也逐漸成爲一個重要的類別，展
現出女同志性別角色日漸多元化的趨勢。

> 「喜歡她，其實不是因爲她的性別嘛！那我們
> 並沒有去分，那我們就是統稱的部分。所以未來可
> 能是雙性戀的部分，所以就是『不分』，然後，就
> 外型來講也不是刻意說要打扮怎樣，只要我自己舒
> 服就好，那像以前會留短髮，那現在因爲工作的關

係就慢慢留長，那也不是刻意。」（小五）

「我們在性關係上沒有特別去區分說是不是有那種傳統的、性別上的、角色的分野……對我來說她就是個女孩子啊！她就是她啊！……我更在乎她的特質。」（瑩）

整體而言，依據筆者自身的觀察與瞭解，對於女同志伴侶關係經營來說，不同於過去的刻板印象，以爲女同志伴侶一定有一方比較強勢且「男性化」，扮演著「丈夫」的角色；而另一方較爲「女性化」，扮演著「妻子」的角色（魏慧美，2004）。在本章中，由T／婆角色建立起來的角色扮演、行爲規範逐漸鬆動，似乎得以作爲一種生活風格的選擇，日趨多元與模糊，不再以二元對立的形式出現。而其呈顯出的女同志伴侶關係的經營亦如同本書第七章所描繪的一般，可以看出女同志伴侶關係經營較容易擔心伴侶承接父權社會的影響，故而更在意伴侶關係中兩人平等與否，同時也有更多的自由與彈性。

四、研究結果

誠如上述，由於長期以來既有的社會知識型態仍停留在傳統異性戀婚姻體制的刻板印象，忽略了非異性戀、不同情慾主體的多元論述與行動實踐面貌，在這樣的權力關係下，同志伴侶若不是不被主流知識框架看見，就是必須將自己隱

藏起來以逃避社會規訓的目光。因此，作爲一個探索性的研究，本章節初步嘗試跨出原有親密關係的框架，從這10對女同志伴侶交往的管道到關係的維持作爲出發點，呈現出一直以來不被看見的女同志伴侶關係。雖然本章發現無法有效地推論至所有女同志伴侶關係，但是，以下的幾點研究發現，亦增添了國內同志諮商實務工作者對於女同志伴侶關係的發展有一個前理解基礎，提供了國內女同志伴侶關係發展初步認識的圖像。

（一）女同志與異性戀者伴侶關係的相似之處

　　本章結果發現，女同志在伴侶關係發展上，跨越了年齡的限制，在關係的形成與互動上，無論是近水樓台、日久生情，兩人相互吸引的擇偶條件，或是雙方得以繼續交往的因素，均與異性戀婚姻市場中社會交換論的投資模型（investment model）無異。皆認爲伴隨關係滿意度愈高、對於情感的投入程度愈高、其他外在的替代關係選擇性愈低時，其伴侶關係的依賴與承諾也會隨之增加（謝文宜、曾秀雲，2005；Rusbult & Buunk, 1993; Duffy & Rusbult, 1986），即便面對不友善的社會處境，仍以承諾作爲親密關係的核心價值，持有高度的意願留在既有關係當中。至於在伴侶關係經營的相互分享層面，亦可能發生在每個人生命歷程的任何階段，是否能保持彈性、彼此交互搭配，是兩個主要影響因素（Slater, 1995）。

　　此外，強調以「我們」作爲行動的社會單位（卓紋君，

2000a），即便是在面對兩人不同生命週期的差異，亦努力學習接納對方，謀合出兩人互動的溝通模式，希望建立永恆的親密關係，均與異性戀者相類似。誠如受訪者T所說的：「只是我們愛的對象不同……其實都一樣，不過是愛情罷了。」伴隨著社會變遷，平權意識的抬頭，同居、不婚、獨身的人口遽增，婚姻逐漸地不再被視為人生唯一的生活選擇方式（謝文宜，2005a），女同志伴侶關係的經營亦被視為是情感經營的多種選擇之一。

（二）女同志與異性戀者伴侶關係的相異之處

筆者在訪談過程中亦發現，在一般日常生活的社會規範，僅將一男一女的伴侶關係為一個單位，排除了非異性戀伴侶關係。因此，同志伴侶無論是在法律上的財產規定、生活上的支持、疾病探視的相關權利，與異性戀者相較之下，呈顯出明顯的差異（Slater, 1995）。在此一社會處境底下，對於女同志伴侶而言，有鑑於伴侶關係是由兩個女人所組成的，故而更為重視伴侶關係經營，不但在其伴侶關係發展相識階段，開始面臨如何進行表白的不安與掙扎，而其若隱若現的伴侶關係，更是加深彼此的不安全感與焦慮，而使得雙方過度關注本身在親密關係中的經驗，浮現出強烈內在的矛盾與衝突，與本書第六、七章的量化資料分析討論有所呼應。當然，也因為高度的期待，引發對於關係高度的注意與緊張，呈顯出女同志伴侶純粹且黏膩的特殊之處（Krestan & Bepko, 1980）。另一方面，也因為愛情得來不易、又不易

維持，女同志伴侶關係的經營不僅利用同性優勢，以性別角色作爲生活風格的選擇，並且極力避免父權社會的影響，企圖脫離傳統異性戀夫妻關係僵化的性別角色扮演，呈顯出追求平等關係的氛圍，共創角色間的彈性協調；即便面對關係中的謀合，女同志伴侶亦有較高的意願以正面、穩定的溝通方式經營與維持伴侶關係。

其中值得注意的是，就女同志伴侶關係發展與經營的特殊之處，所呈現若隱若現、純粹而黏膩的伴侶關係、多元彈性的性別角色三者之間，並非互斥、或是以單一形式的樣態呈顯，而是在各個階段當中搓揉著內在的緊張與矛盾。此外，在同志伴侶關係發展第三階段（即關係的經營與維持）中，兩人相互謀合不免會有相互爭執、意見不合的時候，此時同志伴侶關係經營的衝突處理歷程爲何？當中又展現了什麼樣的權力關係，筆者將於下一章繼續討論。

附錄、受訪者個人基本資料

暱稱	訪問時的年齡	兩人是否同住
Alice	31～35歲	是
Pat	31～35歲	是
Casper	31～35歲	是
Anne	36～40歲	是
Annie	26～30歲	是
Tina	21～25歲	是
阿豬	21～25歲	否
阿花	21～25歲	否
小樹	41～45歲	是
小花	31～35歲	是
小五	21～25歲	是
小藍	26～30歲	是
小敏	36～40歲	是
瑩	36～40歲	是
阿法	21～25歲	否
貝塔	21～25歲	否
T	36～40歲	是
Leon	41～45歲	是
阿丹	41～45歲	是
圓圓	41～45歲	是

受訪者年齡分佈	人數
21～25歲	6人
26～30歲	2人
31～35歲	4人
36～40歲	4人
41～45歲	4人

受訪者教育程度	人數
高中	2人
專科	0人
大學	12人
研究所	6人

訪問時伴侶交往時間	人數
10年以上	1對
7～10年	1對
5～7年	1對
4～5年	4對
3～4年	0對
2～3年	2對
1～2年	1對

第五章

從同志伴侶關係經營的衝突處理談權力關係[1]

由於同志伴侶關係由相同性別所組成，經歷相同的社會化過程與角色期待，有助於伴侶雙方的相互瞭解，較異性戀者容易表達自己的想法，同時也促使雙方在權力關係上，容易強調平等的關係。

1　本文編修自曾秀雲、謝文宜、蕭英玲（2008）〈從同志伴侶關係經營的衝突處理談權力關係〉。《東吳社會學報》，23，71-106。

一、緒論

　　根據西方社會對於同志伴侶衝突處理相關研究的顯示，同志伴侶與異性戀者在面對衝突時，其處理的模式極為相似（Falbo & Peplau, 1980; Julien et al., 2003; Kurdek, 1991, 1994a, 1998, 2003; Metz et al., 1994）。至於在伴侶雙方的權力關係層面，有研究指出同志伴侶較異性戀伴侶容易強調平等的關係，分享彼此的權力，且在其相處互動的過程中，也比異性戀伴侶較常透過討論來溝通，有效地解決兩個人衝突的問題（Kurdek, 1998, 2003），尤其在女同志的伴侶關係更是如此（Hill, 1999; Metz et al., 1994）。

　　Gottman, Levenson和Swanson等人（2003）的研究進一步發現，同志伴侶在談論衝突議題時，較一般的異性戀伴侶來的正向。例如：對同志伴侶來說，有比較少的好鬥能量、比較少的傷心、緊張、害怕等負面的情緒；而先說話的那個人，較會用幽默、快樂、正向的表達方式；接受訊息的那一方，則有比較少的害怕與緊張，有比較多的幽默與關係的互動。就關係的互動而言，女同志較男同志與異性戀伴侶更重視正面、穩定的溝通與互動，且更為注重情感的表達。

　　反觀國內在伴侶關係衝突處理的相關研究，筆者歸納為二：（一）在伴侶關係衝突處理的相關研究中，主要探討夫妻衝突的成因與衝突的因應模式（伊慶春、楊文山、蔡瑤玲，1992；李良哲，1996、1997；黃宗堅、葉光輝、謝雨生，2004），以及對其婚姻品質的影響（蕭英玲、曾秀雲，

2005），多集中於異性戀婚姻關係的討論。（二）有關未婚男女的相關研究，主要以大學生兩性互動上的衝突成因、處理策略與對其伴侶關係滿意度之關連爲主（李怡眞、林以正，2006；吳嘉瑜，1996；張妤玥、陸洛，2007；劉惠琴，1995），僅有Shieh和Hsiao（2006）曾嘗試探討同志伴侶衝突處理與關係滿意度的關係。

　　整體而言，伴侶關係衝突處理在異性戀婚姻體制爲主流的知識權力框架底下，國內相關研究主要集中於異性戀婚姻關係的討論上，關注於男／女、丈夫／妻子角色分工所造成的性別階層，及其展現的性別權力，忽略相同性別的伴侶關係組合，具有相同性別角色（gender role）的社會化經驗，及其伴隨而來的多元性別角色與伴侶關係的權力展現。據此，筆者同意劉惠琴（1999a）的論點，認爲社會的文化規範影響夫妻之間的權力分配與資源交換，社會結構決定個人在社會生活中的行動，尤其在強調集體主義的華人社會中，更不能忽略社會文化對於個人與親密關係互動的影響。據此，筆者認爲倘若我們要對同志伴侶衝突處理有進一步的了解，宜應以男男、女女伴侶互動，對照一男一女的異性戀伴侶關係組合，並以西方社會同志伴侶關係衝突的相關研究成果作爲立基點，相互對照傳統社會文化規範所衍生的權力關係。如此也比較能在生理性別差異的基礎上，突破男／女性別權力的界線，進而鬆動生物性、本質性的想法。故而，本章嘗試透過訪談20對男男、女女同志伴侶面對衝突處理歷程，相互對照異性戀伴侶關係的經營，鬆動其所扮演的性別

角色理論，進而延伸伴侶關係經營的權力關係。

二、文獻回顧

回顧過去國內有關婚姻衝突的相關研究，李良哲（1996）研究指出，女性／妻子面對婚姻衝突較男性／丈夫傾向使用較多的爭執，且較在乎兩人關係能否改善、和解，並要求男性／丈夫把事情解釋清楚，或做出進一步的承諾。而男性／丈夫的因應方式，多以不理會的方式，從事自己有興趣的活動，以減輕衝突的壓力，暫時逃避不和諧的家庭氣氛。這與西方社會Gottman和Krokoff（1989）與Christens和Heavey（1990）「要求—退縮」（demand-withdraw）的互動模式相似，認為女性／妻子傾向透過情緒化的要求、抱怨與批評，要求對方改變，男性／丈夫較以退縮、防衛、不行動應對。

劉惠琴（1999a、1999b）嘗試以質性訪談的方式，探討婚姻衝突的影響歷程，並引用Moscovici弱勢影響（minority influence）的概念進行解釋，認為在傳統婚姻體制下，想改變的一方往往是較為弱勢的一方，多半以女性／妻子為主，企圖堅持改變的需要，透過不同方式來引發衝突以求權力的重新分配，才能讓另外一方察覺改變的必要性。而作為婚姻關係內權力支配者的男性／丈夫，享有較多的優惠與資源，對於婚姻衝突的反應多半不認為有其改變的必要，因而無法理解對方為什麼要「無理取鬧」。

黃宗堅等人（2004）的研究雖進一步提醒我們，在探討

衝突處理的權力關係時，必須要關注「資源差異理論」與「文化角色規範」，並進一步分析伴侶的相對權力與性別角色對於衝突處理所帶來的影響。但是，事實上，該文在引用「資源差異理論」與「文化角色規範」的觀點，對於「相對權力」的測量，主要延續Blood和Wolfe（1960）經濟權力的概念，以及伊慶春等人（1992）非實質性資源「傳統性別角色的態度」，將年齡、教育程度與傳統性別角色的差異作為「相對權力」的概念。然而，權力關係基礎的來源除了金錢、服務、貨品等實質性資源外，還有在親密關係中特別重視的愛與情感（Foa & Foa, 1980）。換言之，黃宗堅等人（2004）研究中雖顯示夫妻情感對其衝突因應策略的解釋力大於相對權力，但未考量最小興趣原則，將非實質性資源中愛與需求的權力關係納入討論的範圍。故而，其研究結果未能顯現出夫妻相對權力對夫妻衝突因應策略的解釋效果。

對此，筆者同意黃宗堅等人（2004）所說的，當我們在探討衝突處理的權力關係時，必須要關注「資源差異理論」與「文化角色規範」。但是，就其分析內涵而言，筆者認為「資源差異理論」意指伴侶相對權力來自於其擁有資源的多寡，擁有較多資源（包括：教育程度、年齡、收入等實質性的資源，以及情感依賴等非實質性的資源）的一方，有較多選擇的機會，獲取較多的權力，反之亦然（徐安琪，2005）。至於「文化角色規範」的部分，董秀珠和楊連謙（2004）強調文化規範對於伴侶關係經營權力分配的影響，認為在父權體制下，即使妻子擁有較高社經地位與資源，亦

往往必須回歸家庭，不足以與丈夫擁有的權力相抗衡。對於異性戀夫妻關係中的衝突處理而言，面對此一以生理性別所建構出來，且強調傳統父系傳承的婚姻結構，其男／女、丈夫／妻子角色期待形塑了性別階層的互動模式。

然而，根據Kurdek（1998, 2001）研究經驗的提醒，如果在異性戀伴侶關係的經營中，性別作爲社會建構的產物，兩性有其文化規範與相對資源差異，其伴隨而來的權力結構亦有所不同。那麼令人感興趣的是，對同志伴侶而言，由於伴侶關係是兩個相同性別的人所組成的，在相同的社會化經驗、相同的文化規範與相同的資源使用條件之下，其衝突的成因、面對衝突的處理歷程與結果，是否會因生理性別男／女角色期待不同而有所差異？還是摒除了生理性別的差異，進而延伸到同志性別角色扮演的操演？對此，筆者欲從以下兩層面來進行討論：

1. 在華人社會當中，我們往往會認爲女性／妻子在婚姻中，扮演著主要負責者的角色（利翠珊，1995），面對伴侶關係衝突時，亦往往扮演主動、積極、察覺者的角色，以情緒化的表達方式，希望、要求男性／丈夫把事情解釋清楚。至於男性／丈夫作爲婚姻關係內權力支配者、優勢者，面對夫妻衝突時，多半不覺有其改變的必要，而以不理會的方式進行回應。那麼我們不禁感到好奇，在同志伴侶關係經營當中，面對同一生理性別社會化的歷程，當兩人發生衝突時，究竟如何進行衝突的處理，其成因—歷程—結果爲何？

2. 摒除了生理性別的差異，同志伴侶關係的經營與衝突處理，是否延展異性戀的性別角色扮演，複製著異性戀的互動模式？還是打破了男／女、丈夫／妻子性別角色與權力的界線，創造出多種的可能性？其伴侶關係經營如何進行性別角色的操演與權力分配？

三、研究方法與對象

（一）研究對象

由於本章分析的焦點主要在於同志伴侶關係中的衝突處理，尚未處理到伴侶關係分手層面的議題。因此，在研究對象的選取上，以本文寫作時間2006年12月底前仍持續交往，且住在一起的同志伴侶作為分析的單位；排除了過去曾經參與研究，但目前已經分手，或是沒有住在一起的受訪對象，如附錄一所示[2]，共計男同志伴侶8對，平均年齡為32.38歲，交往4年4個月；女同志伴侶12對，平均年齡為33.46歲，交往5年2.92個月。

（二）研究程序

在訪談程序上，基於過去的訪談經驗，筆者認為有關於衝突的訪談內容，涉及伴侶雙方有著個人不同的自我詮釋方

2　本章匿名方式與前四章有所不同。

式，為避免伴侶兩人產生意見相互干擾的情形；因此，本章在受訪者同意之後，針對同一衝突的主題，分開進行個別訪談，並從個人如何認知、詮釋衝突的成因、衝突的處理歷程，以及衝突的結果三個層面來探討。其訪談內容如下：

1. 可不可以請您談談在您倆交往的這一段期間，曾經在什麼事項的看法上發生過衝突／爭執（或意見不合）？倘若遇到受訪者不知如何回答的情況，則會請受訪者具體舉例，例如：或是談談令您印象最深刻的爭執？當時發生了什麼事？（它的起因為何？衝突的情況？）
2. 面對這樣的衝突（或不愉快），可不可以請您談談，您當時用什麼方式來處理？伴侶的反應是什麼？
3. 後來這個衝突解決了嗎？如何解決的？（為什麼？是妥協？以自己的意見為主？聽伴侶的意見？沒有解決？）

並於訪談結束後轉謄逐字稿，再以問題為導向，歸納伴侶關係的互動方式，並加以編碼，嘗試整理出同志伴侶面對衝突的處理模式。

四、研究發現

本章發現主要從衝突的成因—歷程—結果，探討同志伴侶衝突的處理；此外，亦針對同志伴侶性別角色的操演與衝

突處理的權力關係進行分析與討論。

（一）成因—歷程—結果

1. 衝突的議題

　　根據Berger（1990）調查西方社會92對男同志伴侶研究指出，在兩人關係經營的當中，最容易產生金錢上的衝突，佔有39.3%，其次約22.5%因為與家人之間的關係而引起兩人的衝突。張歆祐（2006）在男同志伴侶核心衝突議題的討論上，主要包括性生活、獨處與親密的界限、以及忠誠度質疑與非一對一關係的討論三項。Kurdek（1992a）進一步發現，金錢上的衝突不只是男同志互動交往中的最大衝突來源，對女同志伴侶亦是如此。Shieh和Hsiao（2006）則針對台灣男、女同志伴侶關係的衝突議題進行討論，強調情感的表達方式、金錢與交朋友方面為同志伴侶最常發生衝突的面向。

　　然而，根據本章訪談結果（如附錄二所示），可以看出男同志伴侶關係經營所遇到衝突議題，以吃醋、缺乏安全感與價值觀念的差異佔有半數以上，與Berger（1990）與Kurdek（1992a）強調金錢上的衝突議題，及張歆祐（2006）性生活議題略有不同。對此，以Berger（1990）研究為例，筆者認為該文有三分之一的研究對象兩人年齡差距10歲以上，平均交往時間為7.9年，與本章受訪對象有極大的差異。但值得注意的是，在Shieh和Hsiao（2006）研究中，樣本與本章相似，且同質性偏高，其研究結果亦呈顯高比例的

金錢議題衝突。故而，筆者認為本章訪談結果未能凸顯金錢的衝突議題，可能礙於樣本數過小，以及訪談內容聚焦於「印象最深刻的衝突議題」、而非在「衝突發生頻率」上。

此外，社會結構決定個人的行動策略，儘管「金錢」在同志伴侶關係經營中扮演重要的角色，但是，面對傳統華人社會「傳宗接代」、「男婚女嫁」價值觀念所帶來的壓力與期待，如同本書第一章所提到的，男同志較女同志（或一般異性戀者）高出許多。再加上男同志的親密關係多從性吸引開始，才發展友誼（Baugher, 2000），且有較高的外在其他吸引力，亦影響兩人伴侶關係的經營（謝文宜、曾秀雲，2005）。因此，在訪談中有六成以上的男同志表示伴侶雙方會因為缺乏安全感、吃醋、擔心對方離開自己而引發衝突，誠如受訪者阿麟所說的：「吃醋、沒有安全感這個部分……光為了吃醋這件事情吵了三、四十次，搞不好更多，」其他衝突的議題則包括：價值觀念、金錢、情感表達方式、生活習慣的差異等。

至於女同志的部分，如同Gottman, Levenson和Gross等人（2003）強調女同志較重視親密關係中的情感表達一般，本章的訪談資料顯示，約有三分之一的女同志伴侶會因為情感表達方式、金錢觀的不同而發生衝突。例如：阿沛在訪談中會抱怨「因為她有時候很悶……那她的表情又這樣很嚴肅，妳都不曉得她到底是生氣，或高興不高興。」小目談到自己的伴侶，則形容她「她實在是太愛買東西、愛亂花錢」，其次才為生活習慣、與雙方家人的互動、外遇、價值

觀、交友方式認知上的差異等議題,與Shieh和Hsiao(2006)
的量化調查結果極爲相似。

2.衝突的處理模式

　　誠如上述,面對這些衝突的議題,這些伴侶如何處理
呢?就細部而論,筆者嘗試從要求—退縮、相互冷戰與理性
溝通三個部分進行討論與分析:

(1) 要求—退縮

　　李良哲(1996)與劉惠琴(1999a)指出,已婚男性面
對婚姻衝突,往往秉持著大事化小、小事化無,以不變應萬
變、家和萬事興的心態,退縮、逃避或抑制衝突的發生。此
時,妻子們面對以退縮態度處理衝突的丈夫,進而採以不善
罷甘休、力爭到底,更爲強烈的衝突方式,期待丈夫說清
楚。然而,在同志伴侶衝突處理的訪談當中,可以看出當一
方有著極大的憤怒,以激烈爭吵的方式來面對衝突議題時,
另一方採取不講話,較爲軟化、抑制衝突的方式來對應,情
緒上較不會跟著起舞。猶如受訪者所說的:

> 　　「會一直吵呀!一直鬧呀!一直罵她呀!然後
> 罵完之後,我就開始講道理啊!……她就不理我,
> 想說等我氣消了,再跟我講。」(小樺)
>
> 　　「那聲音就會開始大了起來,那我就會愈來愈
> 生氣,然後她繼續不講話的時候,那我的注意力就

會被轉到『爲什麼妳不講』這件事……請妳有點反應喔！……那她就覺得壓力很大。」（阿律）

根據男同志伴侶小維與小天「要求─退縮」互動經驗，不如我們原本的預期，以爲男同志伴侶由兩個男性所組成，其互動較不會出現異性戀女性那種「不善罷干休」的情緒表達。小維對於伴侶互動的主動、積極察覺兩人的關係，希望、要求其伴侶小天能有具體的回應，但事實上，慢半拍的小天似乎搞不清楚狀況：

> 「他不知道你在氣什麼，然後他又不會來溝通……我要跟他溝通他又講不出一個所以然，那我就會更氣，只是後來你就會比較瞭解他腦袋一團糨糊，是想不出個什麼東西來，可是我又很生氣啊！」（小維）
>
> 「因爲我根本搞不清楚發生什麼事……不知道他在氣什麼啦！……他不高興、離家出走……第二天自己回來，因爲我都不理他，他都會手機關機……我找不到他，我當然就隨便他啦！他還怪我沒找他，還怪我自己呼呼大睡。」（小天）

就小維與小天衝突處理的互動形式而言，我們若從異性戀婚姻關係所延展的角色扮演來進行觀察，將認爲小維不斷地希望伴侶關係有所成長與改變，像似Moscovici弱勢影響

概念中的弱勢角色，亟欲謀求權力的重新分配；而小天被類比為異性戀丈夫一般，具有相對的權力優勢，面對小維的憤怒的情緒，往往退縮、逃避，不知如何是好，進而認為同志伴侶的衝突處理其實複製著異性戀的互動模式。

　　至於在女同志伴侶小目與小樺身上，我們可以看到小樺作為一個婆，看似如同異性戀的妻子一般，容易採取激烈的衝突處理方式，直接表達自己的意見；而身為T的小目似乎扮演著異性戀的丈夫角色一般，被動式地抑制衝突，同時必須貼心地安撫與照顧妻子的情緒。如同小樺的描繪一般：

　　　　「她覺得二個人吵會更嚴重，所以通常她會讓
　　　我……她幾乎沒有主動說要講什麼，對，而且我講
　　　話就一把眼淚、一把鼻涕，不過我剛開始會很冷
　　　靜、很理智，把事情講完之後，然後就會開始進入
　　　哄我階段，然後我就開始哭，哭完就開始哄，哄完
　　　之後就沒事了！」（小樺）

　　整體而言，可以看出同志伴侶面對衝突議題時，其要求一退縮的處理方式與異性戀夫妻幾乎無異。唯其差異之處在於同志伴侶關係中的角色扮演，倘若我們以男同志伴侶小維與小天為例，檢視其伴侶關係內在的性別角色操演則可以發現，小維的年齡與教育程度均較小天高，似乎又佔有資源的實質優勢，且在其日常生活中扮演者積極、主動、照顧者的角色，與其外在互動形式所呈顯出的角色扮演有所差異，彰

顯出同志伴侶衝突處理的模式交織著複雜、多元性別角色扮
演與權力關係。

（2）相互冷戰

　　　　「其實他都看得出來我生氣……因爲冷戰嘛！
就不跟他講話、就不理他……我還會死鴨子嘴硬説
沒事。」（阿麟）
　　　　「我比較多的時候都是生悶氣，因爲我害怕衝
突啊！……他就很無辜嘛！所以我就會覺得有點氣
……會突然之間不講話。」（阿替）

　　根據訪談的資料顯示，除了「要求─退縮」的互動模
式之外，在面對衝突的當下，亦有受訪者採取相互冷戰的處
理方式。其中值得注意的是，同志伴侶衝突處理以女同志較
男同志常採以冷戰的方式，強調「就會讓彼此冷靜一會」
（小麻），似乎與我們上述的討論，以爲男性傾向退縮、逃
避，女性較男性傾向以爭執的方式，希望對方立即性回應把
事情講清楚，略有不同。以女同志伴侶小路與小勁冷戰經驗
爲例：

　　　　「我會生悶氣……不跟她吵架，氣到不行就爆
炸。」（小路）
　　　　「她生氣可以氣一個月ㄟ，然後兩個月以後再

跟妳爆，我早就忘了好嗎！」（小勁）

（3）理性溝通

　　根據Shieh和Hsiao（2006）研究指出，無論是男同志或女同志，在面對衝突時，其處理方式均以試著瞭解他（她）的感覺、先想一想對方的想法或做法有沒有道理、傾聽他（她）的想法居多。對此，Metz等人（1994）認為由於同志伴侶關係是由相同性別所組成的，經歷相同的社會化過程與角色期待，有助於伴侶雙方的相互瞭解，較異性戀者容易表達自己的想法，同時也促使其雙方在權力關係上，容易強調平等的關係（Kurdek, 2003）。誠如上述，在本章訪談中，亦可看出同志伴侶面對衝突處理時，較異性戀者來的正向，「最多就是音量抬高……態度就會變得有點像很正式那種態度……比較像辯論的方式」（小庫）、「因為你要情況好轉的話，要有一個溝通的管道……不可能建立在兩個人都是刺的那種狀況。」（小由）尤其對於女同志伴侶關係的經營而言，猶如受訪者所說的：

　　　　「她會說『啊！妳也生氣對不對？我也知道妳生氣了，可是我覺得妳這樣……』會採用理性溝通。」（小覓）
　　　　「我就會跟她溝通啊！去談一堆對事情的態度。」（小貝）

尤其在嚴重衝突時，更爲強調伴侶關係經營正面、穩定溝通的重要性，以避免衝突，促使兩人更爲親近（Gottman, Levenson, & Swanson et al., 2003; Hill, 1999; Metz et al., 1994）。

3.衝突的結果

綜觀上述，許多的同志伴侶在面對衝突議題的當下，多採取從要求—退縮、相互冷戰、理性溝通三種不同的衝突處理模式。承續上述的討論，就其面對衝突的結果，本章則發現，先說話的那一方，多以放下身段、正向的溝通表達化解衝突，並且強調彼此相互學習成長的重要性，不同於傳統異性戀夫妻重視形式與角色扮演，以順天知命、藉由自己的修養來化解婚姻衝突（利翠珊，1995）。

（1）以放下身段的正向表達化解衝突

Metz等人（1994）的研究曾指出，男同志相較於異性戀男性在面對衝突時，更能彈性協調。誠如受訪者阿森的描繪一般，「我覺得不管我對我錯，有爭吵的時候，我都會先放軟身段吧！因爲我覺得兩個人太衝的話絕對會，感情會受傷！」（阿森）可以看出男同志伴侶面對兩人的衝突議題，往往會有一方傾向以正向衝突的表達的方式化解衝突，較異性戀男性有更高的意願來解決問題（Metz et al., 1994），與李良哲（1996）、劉惠琴（1999a、1999b）筆下面對衝突不知如何修復兩人關係的男性有所差異。此外，在受訪者小由的談話中可以看出，男同志伴侶面對衝突，從如何從生氣、

憤怒到以一種放下身段、妥協的方式來化解衝突的過程：

> 「他掛電話那一刹那……他生氣了！……那個
> 當下……我也會覺得……很難過……之後就開始會
> 覺得有點生氣……我有點累啊！我不想去啊！……
> 幹嘛一定要逼著我去……之後我就會去想說『當
> 初，是我要答應他，我自己承諾他說要陪他去的
> 啊！然後，他生氣是理所當然的啊！』……我就會
> 開始想說，他一個人很生氣走在……走在那個街頭
> ……我就會覺得很心疼，等他回來的時候，我就抱
> 著他說：『對不起啊！今天本來答應你的，答應你
> 結果我又……我又爽約啊！你一定覺得很難受
> 啊！』之類的。」（小由）

然而，在女同志伴侶小威與小求身上，亦可看到兩人各
退一步，彼此相互讓步、妥協的處理方式：

> 「錯了，妳就不要跟她大、小聲就對了！……
> 吵不起來，她也不會發脾氣啊！」（小求）
> 「妳要找台階下，就不會讓她下不了台了！」
> （小威）

誠如受訪者小樺對於小目解決衝突結果的描繪，「對對
對！都是我不好，都是我不好！……我不是故意讓小樺傷心

的，我下次不會讓小樺生氣了這樣子！」（小樺），願意在兩個人的衝突中，主動道歉、釋出善意，嘗試跨越兩人衝突對立的鴻溝。此外，亦有受訪者表示，面對兩人衝突的情境，互動中先說話的那個人會嘗試以幽默、快樂、開玩笑、正向的表達方式來化解衝突的情境，猶如小豆所說的，「我曾經會想要跟她爭個是非……然後我就覺得這是在幹什麼……現在就不會了，因為用玩笑化解吧！」與Gottman, Levenson和Swanson等人（2003）研究成果相一致。整體而言，可以看出不分男同志或是女同志分享伴侶雙方處理衝突的經驗，均強調自己或是對方放下身段的正向表達化解衝突的重要性。

（2）以理性溝通作為努力的目標

　　「我覺得我可以忍一時，但是，事後我一定要跟她講我的想法是什麼。」（小覓）
　　「非常生氣，大吵啊！……因為她很不安……我要跟她溝通說，我為什麼要這麼做，我會把理由講出來。」（小七）
　　「來討論……剛吵架這件事情……變成旁觀者的角度去切這個東西……為什麼你的反應是這樣子？為什麼我的反應是這樣子？」（小肯）

　　綜合上述，猶如受訪者所說的，無論是男同志、或是女同志伴侶衝突的原因為何，有超過半數的受訪者在分享兩人

衝突處理時，均強調即便過去採取要求—退縮、冷戰的處理方式，兩人互動傾向以正向、積極，並且嘗試以放下身段，朝向以兩人溝通爲目標，努力化解衝突，「就覺得遇到事情不會這麼輕易就說分手。」（小維）

　　在訪談中，亦有受訪者小路表示「我就覺得我跟妳冷戰一、兩天以後，妳會反省，我也可能會反省……可是她不是……她已經不知道忘記到哪裡去了。」（小路）過去冷戰的衝突處理方式雖然沒有得到實質上的效用，但是，透過溝通與討論，彼此亦謀合出另一種衝突處理策略。「不要氣到日落，或是隔天，眞的很傷身。」（小路）在衝突的當下把事情解決，或是「在平常的時候，就比較會去把問題拿出來說。」（小路），以兩人得以理性溝通作爲衝突處理努力的目標。而受訪者小豆亦有相似的經驗，並指出「我有試著走開不理，後來發現更慘，她不跟你說話……然後這種東西又持續更久……我以前很委屈、很愛哭……情緒我可能不知道怎麼表達……她就慢慢去理解我……那我也去了解說她眞的是還可以好好講的人。」可以看出伴侶關係的衝突處理其實是一種「複數」的概念，並非所有的同志伴侶面對不同的衝突議題，從交往至今均以相同的處理方式。其中又以交往時間較久的伴侶而言，傾向採取直接、理性溝通的衝突處理方式作爲努力的目標。就像男同志伴侶阿替與阿均的分享一般，過去兩人面對衝突的議題，阿替多採取冷戰、生悶氣、不講話的處理方式；但是，阿均卻往往陷在衝突的風暴中而不知情。兩人互動隨著交往時間的積累，伴侶雙方在日常生活中

相互學習，逐步拓展彼此面對衝突的經驗與認識基模，進而
採取直接、理性溝通的衝突處理方式。

> 「我本來期望他可以發現我不對勁……可是
> ……他以爲我只是不舒服啦！或者是就是不想講話
> ……我現在……就會做一點讓自己舒服一點的事情
> ……會轉移一個情境啦！……再回來告訴他說：
> 『我覺得你這樣子做很差勁』。」（阿替）

> 「比如說，他講某句話然後傷到我了，我就會
> 跟他講『我覺得你講這句話讓我受傷！』，然後他
> 說：『哦！』……再跟我道歉，或是他講『你講這
> 句話很傷人！』我就會跟他道歉，因爲那時候就會
> 讓你冷靜下來。……慢慢很多事情我們會傾向溝
> 通。」（阿均）

（3）強調伴侶關係經營的學習與成長

> 「我覺得其實她外表上看起來很張揚，可是她
> 內在可是還是有些沒有自信的部分這樣，所以她還
> 是經常的希望別人的肯定啦！……我覺得我們很多
> 的衝突喔！變得很眞實啦！……她在幫妳看到妳自
> 己深沉的很多情緒的反應……刺到彼此……就是學
> 習的地方。」（小目）

> 「經驗擴大了啦！我們認識基模就比較大，因

應策略就比較多……都有一些成長，可能不斷的有一些分享溝通。」（阿替）

另外值得一提的是，誠如男同志伴侶小維與小天的訪談內容，可看出同志伴侶對於衝突處理的結果與關注，關鍵之處在於如何在彼此的謀合中，不斷地相互的調整、彼此的學習、成長與瞭解。

「後來我發覺他真的很關心你，可是他的習慣性就是越關心越指責……以前是先躲開再回來，現在是會在當下稍微看他在幹嘛！……會稍微主動一點去問他，在生什麼氣，或者是瞭解他幹嘛！」（小天）

「一次又一次比較看到說，我的嫉妒、我的不舒服都是我的……當我越害怕、越不讓他做的時候，其實我是越控制他，他不舒服……後來才一次一次慢慢的放開。」（小維）

（二）性別角色的操演

郭麗安和蕭珺予（2002）的研究曾提醒我們，同志伴侶關係經營的互動不應直接套用異性戀的交往模式，認為其所建立的親密關係就是男／女與丈夫／妻子的角色安排。對此，我們仍感到好奇，倘若同志伴侶摒除了「生理性別」上的差異，那麼在「社會性別」上是否複製著異性戀伴侶的

互動關係呢？故而，筆者嘗試從男同志哥哥／弟弟／姊妹性別角色的操演，以及女同志伴侶T／婆／不分關係經營進行討論。

1.哥哥／弟弟／姊妹

台灣同志諮詢熱線協會（2004）與賴正哲（2005）指出，在台灣男同志的文化中，性別角色主要有：以性行為角色劃分1／0、6／9、不分的區別，以及根據兩人在關係中的互動情形，進而延伸哥哥／弟弟／姊姊／妹妹的區別。但是，由於性行為角色的主／被動與關係互動主／被動的角色扮演強連結，往往會誤將偏1號視為哥哥，偏0號視為弟弟、6／9為不分。事實上，筆者在訪談中發現，在男同志文化中，1號與0號只是性行為角色的區別，並不等於伴侶關係中的身分或自我認同。如同受訪者所說的：

> 「其實他比較蠻多地方比我更需要呵護！只是他那些地方，他有時候自己會偷偷藏起來……情感上的部分，我真的我比較偏向照顧者的部分……可是在性生活上面，就似乎就是反過來的……我只覺得適合、不適合，那至於是否真的誰是照顧者、誰是被照顧者，我覺得其實你真的喜歡他，這部分你就不會太在意。」（阿麟）

> 「我們非常的彈性！我們沒有刻意說誰是bottom，誰是top這樣子！」（小易）

可以看出男同志伴侶性別角色的扮演極具流動性，遇剛則柔，遇強則弱。此外，在訪談當中亦有受訪者表示其伴侶關係經營，兩人均扮演弟弟、哥哥，或是姊妹的角色。誠如2005年12月10日公開訂婚儀式的敬學與阿瑋，便是兩位偏0號的男同志的結合。對此，倘若我們將哥哥／弟弟／姊妹角色扮演，對照「要求—退縮」衝突處理模式，以男同志伴侶司山與文號的性別角色操演為例：

> 「那他如果是不講話我就會更生氣，因為哇靠，我覺得說，你要把事情解決呀！你這樣不講話怎麼可以解決事情呢？那他覺得他在生氣，他就想靜一點呀！不想再講這些有的沒的，但是，我就跟他講我就一定要把架吵完。」（司山）

> 「我是生氣的話，就是讓我安靜一段時間……但是……他沒有辦法給我那一段時間……只要我一不說話……那他一直要問我原因……要我講一些什麼東西的時候……我就越煩越氣，所以每次吵架就愈來愈嚴重這樣……因為我不講話嘛！他不知道我到底心裡在想什麼。」（文號）

若我們直接將異性戀「要求—退縮」衝突處理的框架植入同志伴侶的互動關係，似乎會直覺式地認為司山作為提出要求的一方，嘗試透過衝突謀求權力的重新分配，意即異性戀妻子的角色，或是所謂被照顧者、弟弟的角色。然而，面

對衝突退縮逃避、又很要面子的文號，作為權力的擁有者，應扮演丈夫的角色，或是關係中的照顧者、哥哥的角色。但根據在訪談中對他們的認識與瞭解，兩人均強調在圈內長期扮演弟弟（被照顧者）的角色，彼此相互學習、相互照顧扶持。

此外，受訪者阿森亦表示，在男同志伴侶關係中，總覺得年紀輕、扮演弟弟角色的一方，應該扮演較為主動的角色；但就其自身的伴侶關係經營而言，雖年長於阿偉10歲，但是兩個人的互動中，阿森亦往往扮演主動的角色，主動和阿偉打打鬧鬧：

> 「其實照理說，他年紀小，應該跟我鬧才對……可是我知道他個性不會ㄚ，所以變成我會主動去……睡覺去抱抱他ㄚ……鬧他……親ㄚ……摸他……我覺得那是一種兩個人……親密的關係。」

整體而言，可以看出男同志伴侶在衝突處理的互動當中，挑戰了我們過去對於男／女、1／0、6／9、哥哥／弟弟、照顧者／被照顧者，二元對立、相互配對的想像。根據訪談資料顯示，同志伴侶的角色扮演往往根據個人的意願和能力，是沒有固定主／被動、照顧者／被照顧者性別角色的區分，相較於異性戀者容易選擇一種中性、無固定角色形象的相處模式。

2. T／婆／不分

　　至於在女同志伴侶關係經營中，性別角色劃分主要以T／婆／不分爲依據。張娟芬（2001）在書中曾指出，T／婆是女同志社群中的重量級話題，也是用來區辨女女關係的重要概念，如果你不認識這兩個座標的話，那麼就喪失了任何描述女同志的能力了。對此，受訪者阿火表示自己在面對T／婆角色劃分的想法：

　　　　「剛開始進去社團……大家就一直追著妳，妳是T還是婆？妳就要趕快貼一個標籤給自己……T都一定要抽煙，要很man……我就看到她[指一個像T的女同志]咳嗽，我就說『妳不會抽，妳幹嘛要抽？』，她說『T就是要抽煙啊！』，我那時候就在想，那我可能不是T吧！」

　　然而，在訪談中亦有受訪者表示，「我是一個不喜歡貼標籤的人，所以我也不喜歡人家說我是婆，我也不喜歡別人說她是T……我比較想要發掘她女性的溫柔……例如我會讚美她……你的胸部很美啊！」（娜娜）似乎T／婆的角色劃分並非天生如此，是具有彈性與流動性，甚至於是一種個性互補的關係，進而認爲自己是不分，強調伴侶關係經營的互動。猶如受訪者小秋所說的：「有時候是T，有時候是婆啦！……做決定的時候我就是T……撒嬌的時候我就變婆……我覺得只是個性上互補……妳有這個需要，妳就去做！

或是，妳知道對方有怎樣的需要，妳就會角色扮演，去彌補
……那種缺啊！」

至於在女同志伴侶小青和佩佩的互動上，亦可看出兩人
關係中Ｔ／婆角色劃分的限制：

> 「在我們的關係當中是他追我……的確她在性
> 關係上面，她是比較主動……比例上，我覺得她需
> 求比較多，可能我需求比較少。」（佩佩）

> 「佩佩基本上她是個愛哭的人……她常常有些
> 事情……她講講講就會哭出來。」（小青）

> 「老實說，我不知道她什麼時候會心情不好……
> 她生我的氣了，我都不知道……我就事論事，她就
> 一直躲一直躲，那我就更火啊！我要追著她講清
> 楚，因為我覺得妳要給我一個回應，這樣對我才公
> 平。」（佩佩）

> 「非常理性的思維……她實際上在處理感情是
> 非常冷靜的。至於我……所有的事情，我全部會是
> 一團糊糊的感覺。」（小青）

作為關係的主動者，看起來好像小青似乎像是扮演Ｔ的
角色，而佩佩愛哭、感性的個性，應該是扮演著所謂婆的角
色。有趣的是，在日常生活面對衝突與事情處理態度上，兩
人恰好相反。舉例來說，佩佩在公事上常常保持理性、冷
靜，但卻永遠搞不清楚自己伴侶什麼時候生氣，似乎在異性

戀的參考架構中，應該扮演男性的角色。相對而言，這時候小青對於事情處理保持一團模糊的思維模式，容易會被視為是扮演女性角色。此時我們不禁要問：那麼究竟在其伴侶關係中，誰是Ｔ？誰是婆？Ｔ／婆角色劃分對其伴侶關係互動的意涵為何？在訪談中似乎尋找不著明確的劃分標準與依據，或許就像張娟芬（2001）所說的，去問10個人可能得到11個不同的定義，什麼樣算是Ｔ？什麼是婆？似乎沒有一個定論，甚至對部分同志而言，心中或許根本沒有Ｔ／婆的參考架構。

作為一個媽媽、同時又扮演著女同志關係中Ｔ的角色，在受訪者小以的生命經驗中，不但打破了我們以往的刻板印象，鬆動了過往對於Ｔ／婆關係的想像，以為Ｔ在女同志伴侶關係中，扮演陽剛（masculine）氣質的女同志，不可能進入異性戀婚姻，同時扮演妻子、媳婦與媽媽的角色，更不可能面臨所謂的婆媳問題。

> 「真的像哥兒們，我們[指自己和丈夫]兩個經
> 常約著去打球……他投三分球……我也投三分球……
> 人家[指女生]怎麼對我好呀！然後我接受了……他
> [指她的丈夫]只是說女生變成男生而已，這對我也
> 其實沒有什麼差別。」（小以）

對於同志伴侶關係的經營，確實如同Kurdek（2003）的研究發現，認為同志伴侶比較沒有陽剛／陰柔（feminine）

相對立的差異，且較異性戀伴侶更為中性。綜合上述，面對同志伴侶性別角色的操演，筆者也不禁反省，我們對於所謂哥哥／弟弟、照顧者／被照顧者，以及Ｔ／婆／不分的性別角色分野，是否猶同張娟芬（2001）所說的，或許這是一種生活風格的選擇作為一道光譜，可以在伴侶關係經營的互動中比較出來的，亦可能同時出現在同一個人身上，因而伴隨著性別角色所開展出來的權力關係較異性戀者更多元、有彈性且具有流動性。

（三）衝突處理的權力關係

　　根據利翠珊（1995）研究指出，女性／妻子比男性／丈夫在婚姻中被要求做較多的配合與適應，往往也承受較大的壓力。面對男男、女女同志伴侶關係的經營，以生理性別來做區分，兩個人都是男生、或是女生，伴侶雙方在社會上亦都享有男性的優勢，或是女性的劣勢地位。但是，此一生理性別的分類方式，似乎無法直接解釋同志伴侶關係經營所呈顯的權力關係。猶如受訪者阿麟的疑問：「明明我們兩個人都在工作，兩個人都在賺錢，回到家兩個人都那麼累，為什麼衣服要我洗、衣服要我摺？」對此，筆者進一步從社會處境、性別角色的分野與資源差異三個面向進行討論，對照異性戀性別規範對於伴侶關係經營權力分配的影響。其研究結果發現：

1.在社會處境層面

　　面對兩人的衝突，異性戀婚姻的社會制度性支持往往扮演著重要的角色，抑制關係變化的可能性（劉惠琴，1999b）。按《論語・子路》「必也正名乎！名不正則言不順」，對於同志伴侶關係經營而言，由於缺乏外部強制性的規範，其伴侶關係的經營往往面臨遮遮掩掩的社會處境，未能有其名正言順的發言位置，不同於異性戀者以社會制度性支持作為兩個人關係劃分的界線。故而，容易凝聚相同出櫃、現身經驗（Metz et al., 1994），且格外重視兩人之間的承諾是否體現於日常生活的互動當中。同樣地，面對關係的緊張與衝突，亦比異性戀者有較高的承諾，強調其衝突處理的關鍵在於究竟兩人有沒有想要繼續維持這份關係。

　　　「我就是不考慮斷掉這份關係，如果關係發生什麼問題，就是從關係裡面去解決，不是……就不要這一段關係！」（小由）
　　　「我會先搞清楚的一件事情，我們兩個是不是要繼續啦！那如果要繼續，那這一些都是小問題。」（小A）

　　可以看出同志伴侶衝突處理的權力關係，容易在不友善的社會處境中，選擇以「兩個人要在一起」、「經營穩定的伴侶關係」、「不吵到分手」為前提，進行溝通與討論。「慢慢的我們兩個就有一個共識，就是說『以在一起』為前

提來溝通這一件事情，以不要『吵到分手』爲前提」（阿
麟）、「我們要在一起的話，我們就不要輕易吵架吵到要分
手，因爲我們已經很明白我們要在一起。」（小路）較少出現
兩人翻舊帳、爭而不和、甚至於順從、忍讓與犧牲的互動情
形。甚至猶如張歆祐（2006）論文中的受訪者一般，冒著兩
人關係決裂的風險，以分手作爲衝突的威脅，畢竟同志伴侶
較異性戀者有較高的自由度與較低的分手困難度（謝文宜、
曾秀雲，2005；Kurdek, 1998）。

2. 性別角色分野

　　董秀珠和楊連謙（2004）曾指出，在異性戀伴侶關係
中，無論是丈夫或是妻子，都深陷性別理想角色的追隨，無
可遁逃，既使妻子極具經濟地位的優勢，亦無法脫離社會性
別的規範。反之，同志伴侶關係的經營跨越了異性戀伴侶生
理性別的差異；故而，在其權力關係的分析討論中，擇以性
別氣質哥哥／弟弟／姊妹、T／婆／不分，或是主動／被
動、照顧者／被照顧者、陽剛／陰柔的性別角色操演進行討
論。可以看出同志伴侶在性別角色的操演上，作爲一種生活
風格的選擇，不同的角色扮演可能同時出現在同一個人身
上，具有高度的流動性，此一「去性別化」的互動模式，確
實與異性戀者面臨社會建構底下的性別權力差異有所不同，
亦較異性戀者更多元且有彈性。
　　即便是面對衝突的議題，如同阿替所說的「比較有彈性
……會比較願意嘗試，會比較願意容忍某一些差異。」整體

而言，與Weeks（2000）訪談經驗無異，認為異性戀者滑入預定的角色，而同志伴侶關係的經營由於沒有預先規定的角色，因而得以在需要的時候創造各樣的互動型態，彰顯出同志伴侶衝突處理的權力關係較異性戀者具有更多的延展與可能性。

3.資源的差異

　　誠如上述的討論，倘若我們認為同志伴侶關係經營「性別權力」不平等的影響性甚少，那麼我們也不免感到好奇，究竟資源差異理論是否能解釋同志伴侶衝突處理的權力關係？對此，伊慶春等人（1992）研究指出，實質的資源差異確實對於婚姻衝突的瞭解有其顯著的重要性。那麼我們便不禁感到好奇，對於同志伴侶關係經營而言，年齡稍長的一方，是否容易傾向採取退一步的低姿態化解兩人衝突的局面？根據訪談資料顯示，此一觀察結果並非絕然，而其兩人互動的權力消長，亦應配合兩人在關係中相互依賴的程度，以及在這一段關係外，是否其他的外在吸引力。誠如徐安琪（2005）所說的，伴侶關係當中愛的較深、對於婚姻較為依賴的一方，由於擔心配偶變心或離開，往往更為順從對方，而顯得失去權力。

　　以女同志伴侶阿火與阿樂的例子，若從實質的資源差異來看，阿火的年齡與教育程度較高，且傾向扮演T的角色，似乎應該是婚姻關係中丈夫、優勢者的角色。然而，在面對衝突議題的處理時，反而是阿樂掌握了衝突處理的互動局

面，採取強勢的態度，如同關係資源的掌握者一般，甚至在化解衝突時，容易認為自己的伴侶會因為衝突而受傷難過，願意花多一點的心力去解決衝突的問題（Metz et al., 1994），自己找台階下，適時地釋放出權力。「不要讓這件事情再繼續……就是會去跟她ㄌㄞ啦！……我說話很大聲，可是到最後，其實常常說抱歉的是我。」（阿樂）其背後最主要的原因反而是那種非實質性的互動，意即對於伴侶關係經營情感上的相互依賴與承諾，努力追求一份穩定伴侶關係的意願，猶如阿樂所說的，重要的是：「我希望能夠跟妳一起解決這個問題。」就此而言，筆者認為在談論同志伴侶的權力分配，似乎應考量兩人關係經營中非實質性的資源差異，方能有完整的呈顯，亦能進一步回應伊慶春等人（1992）所說的，當伴侶關係經營承諾度愈高，越可能有正面的衝突處理模式。

五、研究結果

（一）衝突議題的純粹性

　　誠如上述的討論，可以看得出，雖然金錢不是國內同志伴侶關係經營最容易發生衝突的議題，與Berger（1990）及Kurdek（1992a）的研究經驗略有差異；但整體而言，在同志伴侶關係經營中，其所面對的衝突議題，與異性戀夫妻的相似度仍高於相異度，例如：伴侶雙方會因為吃醋、情感表達方式、金錢、與價值觀的差異等而產生衝突。

此外，根據訪談資料指出，國內同志伴侶關係經營的衝突議題主要圍繞在伴侶關係的經營與互動，較少涉及伴侶關係之外的議題，與劉惠琴（1999b）針對異性戀夫妻的調查研究成果略有不同。對於異性戀夫妻而言，由於受到傳統婚姻體制受到父系結構的影響，夫妻衝突議題的主要來源包含了：冠夫姓、夫家財產與從夫居，強調女性「嫁」到男方家裡，必須以夫家生活為主軸，以及子女等議題。相對於同志伴侶關係經營而言，有鑑於同一性別伴侶關係，抽離了「生理性別」的差異，不同於異性戀者，可以法律作為基礎，開展伴侶雙方新的權利與義務（劉惠琴，1999b；謝文宜，2005a）。再加上礙於社會壓力，致使多數的同志伴侶並沒有與家人同住，進而降低伴侶代間衝突的機會，猶如一位朋友的描繪：「我和老伴之間沒有一紙法律上的契約拘束，僅能單憑著一顆心，與他走過這些年。」彰顯出其伴侶互動的純粹性。

（二）創造平權的伴侶關係型態

衝突處理並非「單數」的概念，而是因著衝突的議題與情境有所差異，呈現出「複數」的意涵；意即面對不同的衝突議題，其互動模式可以相交互配搭。研究發現，男同志伴侶的情感表達會有憤憤難平、激烈的反應，而非雙方採取退縮、不回應的處理方式，至於女同志面對衝突亦非雙方均採取主動、積極、希望立即性地處理衝突，甚至女同志較男同志容易選擇以冷戰的方式，希望雙方能有獨立的時間與空間

可以冷靜下來，進行自我的反省，以化解衝突。

如本書第一章所言，由於缺乏社會制度性支持作為外在的規範，同志伴侶在面對關係的緊張與衝突時，為避免兩人關係破裂，故而較異性戀者更傾向以兩人「要在一起」為前提，表達意願與強調相互平權的關係，進行溝通、討論與協商，且有高的意願與承諾，多花一點的心力去解決衝突（Metz et al., 1994）。意即當有一方願意放下姿態，以平靜討論的溝通互動型態時，另外一方則以理性討論、辯論、或是妥協、讓步的方式來進行溝通，且覺得自己的另外一半比較會採取正向的衝突處理方式（Kurdek, 1994a），呈現出黃宗堅等人（2004）與蕭英玲和曾秀雲（2005）所說的「以其人之道，還治其人之身」、「以牙還牙，以眼還眼」互動模式。不同於利翠珊（1995）所描繪已婚女性必須依循男性／丈夫的家族期待，承載較多的家庭責任，以及順天知命、順從、忍讓與犧牲的互動型態。

（三）流動的性別角色與權力分配

Yi和Yang（1995）研究指出，如何處理衝突是夫妻互動過程中取得權力的重要研究指標，同時也是權力結構的展現。意即夫妻關係一旦處於失衡的狀態，擁有較多資源的一方，能獲取較多的權力，當面對衝突時，亦較有協商的本錢（Molm, 1988），不用害怕處理衝突所帶來的負面影響（Tallman & Hsiao, 2004）。然而，對同志伴侶而言，其性別角色不同於異性戀的男／女的性別分工，男同志伴侶關係中

的一號、或是扮演照顧者的哥哥，以及女同志中「T」的角色，並非如同異性戀「男性／丈夫」角色一般擁有無法撼動的性別優勢，進而在權力分配層面，脫離生理性別的角色期待，雙方相同的社會性別角色，有助於彼此的相互瞭解（Metz et al., 1994），更能呈顯出更多元、彈性的角色扮演，與傳統父權家庭中性別分工的互動模式略有不同。

　　至於在資源的差異層面，同志伴侶摒除了因生理性別所造成性別階層化的藩籬，亦跨越了性別氣質主動／被動、照顧者／被照顧者、陽剛／陰柔的二元對立，其伴侶關係互動的權力消長，亦應配合兩人在關係中相互依賴與承諾的程度作爲考察的依據，彰顯出同志伴侶性別角色與權力分配的彈性與流動性。整體而言，綜觀第一章到第五章透過質性的訪談資料，從同志伴侶親密關係經營面臨的挑戰、伴侶關係的建立，以及伴侶關係發展，進而探討伴侶雙方衝突處理的權力關係。接下來，筆者將擴大樣本資料，以問卷調查的方式蒐集資料，從218位同志伴侶關係經營的經驗中，進一步探究同志伴侶親密關係承諾維持的影響因素。

附錄一：受訪者個人基本資料

● 男同志伴侶

暱稱	年齡	交往時間
小獅	21-30	1年以下
阿麟	21-30	
小肯	31-40	1~5年
小易	21-30	
阿被	41-50	1~5年
小由	21-30	
阿替	21-30	10年以上
阿均	31-40	
文號	31-40	1~5年
司山	21-30	
阿偉	31-40	5~10年
阿森	41-50	
阿K	31-40	1~5年
小庫	31-40	
小維	31-40	5~10年
小天	31-40	

● 女同志伴侶

暱稱	年齡	交往時間
小A	31-40	5~10年
小勛	31-40	
小覓	21-30	1~5年
小秋	21-30	
小七	31-40	5~10年
娜娜	31-40	
小目	41-50	1~5年
小樺	31-40	
小貝	21-30	1~5年
小麻	21-30	
阿戶	21-30	1~5年
阿律	21-30	
小青	31-40	5~10年
佩佩	31-40	
阿勁	31-40	10年以上
小路	41-50	
小以	41-50	1~5年
阿沛	31-40	
小威	41-50	1~5年
小求	41-50	
小利	31-40	1~5年
小豆	31-40	
阿新	21-30	1~5年
阿樂	21-30	

個人基本資料	男同志	女同志
● 教育程度		
高中／職	2人	2人
專科	3人	1人
大學	6人	16人
研究所	5人	5人
● 年齡		
21-30	6人	8人
31-40	8人	11人
41-50	2人	5人
● 交往時間		
1年以下	1對	0對
1～3年	2對	4對
3～5年	3對	4對
5～10年	1對	3對
10年以上	1對	1對

附錄二：同志伴侶的衝突議題

衝突議題	男同志		女同志	
	次數	百分比	次數	百分比
吃醋	5	63%	0	0%
價值觀	4	50%	2	17%
金錢	2	25%	4	33%
情感表達	2	25%	4	33%
生活習慣	2	25%	3	25%
家務分工	1	13%	0	0%
交友方式	1	13%	2	17%
家人互動	0	0%	3	25%
外遇、第三者介入	0	0%	3	25%
空間分配	0	0%	1	8%
寵物	0	0%	1	8%

第六章

同志伴侶親密關係承諾維持之初探性研究[1]

在伴侶關係的經營中付出承諾的多寡，以及將承諾體現在日常生活當中，往往是同志伴侶關係與朋友關係、一夜情、單純的肉體關係的劃分之處，作為兩人愛情能否持續發展維持的重要依據。

1 　本文編修自謝文宜（2005）台灣同志伴侶親密關係承諾維持之初探性研究。發表於2005年台灣社會學年會「台灣社會與社會學的反思」學術研討會暨90-92 社會學門宏觀社會學專題計畫成果發表會。台北：國立台北大學。2005年11月20日。

一、緒論

1995年，「同性戀人權促進小組」初步針對同志婚姻合法化的議題進行問卷調查，報告指出有四成同志渴望與伴侶結婚，以交換戒指、公開宴客的方式宣示對彼此的承諾（梁玉芳，1995）。

2003年，「台灣同志權益政策」[2]票選，第一名為「推動同志婚姻合法化」，第二名為「力促同志伴侶法通過」，第三名為「爭取同志可組成家庭，並領養小孩」（梁欣怡，2003）。

2004年，實踐大學舉辦「同志伴侶親密關係的研究與實務座談會」，首度以公開座談會的方式邀請學者針對同志親密關係提出相關趨勢與現況（許敏溶，2004）。

2005年，出版了第一本同志伴侶諮商的翻譯書籍（Greenan & Tunnell, 丁凡譯，2005）。

誠如上述，可以看出在二十一世紀的台灣社會中，伴隨著逐漸開放的社會風氣與多元論述的發展，台灣人對於親密

2　同志人權協會2003年1到6月份進行「台灣同志權益政策」票選活動，分別從同志社群活動、空間，平面、網路等媒體管道，收集1978份有效問卷，調查對象有80%同性戀、16.6%異性戀（梁欣怡，2003）。

關係的概念不再僅限於男女互動交往，亦鬆動傳統一夫一妻的社會規範，跨出原有的婚姻框架，創造出多樣的情感關係。

然而，檢閱國內的研究文獻則發現，由於長期以來，國內既有的社會知識型態停留在傳統異性戀婚姻體制的刻板印象，因而在親密關係的研究領域仍以異性戀的男女關係為主，探討兩性吸引、關係形成、發展、維持與結束的論述與階段性的影響因素，忽略了非異性戀多元論述的面貌（卓紋君，1998、2000a、2000b、2000c；修慧蘭、孫頌賢，2003；張思嘉，2001a；劉惠琴，2001；謝文宜，2005a、2005b、2006）。即便是在跨越異性戀單一思考模式的同志相關研究中，亦可發現過去的研究多半為質性研究，主要以張銘峰（2002）、莊景同（2000）與陳姝蓉等人（2004）為代表，試圖從同志個人的生命故事自我述說（self-narrative），呈現男男、女女情感故事經驗。至於在諮商輔導與同志伴侶關係發展層面，亦僅有郭麗安和蕭珺予（2002）、趙曉娟（2006）、張歆祐（2006）、Greenan 和 Tunnell（丁凡譯，2005）曾試圖以研究論述、以及少數的訪談與諮商案例，呈現親密關係經營與互動的內涵，缺乏較大樣本實徵性量化研究探討。

整體而言，可以看出在異性戀婚姻體制為主流的知識權力框架底下，對於同志伴侶來說，若不是不被看見，就是必須將自己隱藏起來以逃避社會規訓的目光。在缺乏社會支持與長期而穩定的伴侶關係經營典範之下，被迫隱形的同志愛情，造成「同志無真愛」、「同志看不到老夫老妻」、「同志

伴侶分手比例很高」的刻板印象。據此，本章初步嘗試跨出異性戀王子與公主生理性別二元配對的思考模式，以問卷調查的研究方法，針對對男男、女女同志之間情感關係進行各個層面的研究與詮釋，提出經驗性的證據，進一步探究同志伴侶親密關係承諾維持的影響因素。

二、文獻回顧

（一）承諾的意涵

檢閱國內、外的研究文獻發現：在近幾年來逐漸有一些學者以問卷調查和訪談的方式，來比較同性戀與異性戀伴侶關係經營上的差異（例如：Duffy & Rusbult, 1986; James & Murphy, 1998; Julien, Chartrand, Simard, et al., 2003; McWhirter & Mattison, 1996; Ossana, 2000; Patterson, 2000）。當中許多研究指出，同性之間與一般異性戀男女的浪漫愛情一樣引人入勝，不可抗拒，二者呈現「極為相似」的特徵。包括了在伴侶關係的互動中，均覺得一份穩定的關係可以提供情感上與陪伴上的需求，如果在可以選擇的情況下，雙方都希望追求一份穩定的伴侶關係（莊慧秋，1991；Giddens，陳永國、汪民安譯，2001；Julien et al., 2003; Peplau, 1991; Slater, 1995）。而其伴侶關係經營最大的差異點在於（1）同志伴侶無法像異性戀者一般可以有外在力量（例如：訂婚、結婚）對兩人親密關係做強制性的規範，作為伴侶雙方在一起關係劃分的象徵與界線；（2）伴侶雙方伴隨著傳統的信

念、價值、規範與身分上的轉換，促使彼此對於關係有了新的權利義務與角色期待（卓紋君，2000b）。

然而，在Bohan（1996）研究指出，在同志伴侶關係的經營當中，約有75%的女同志會以具體的行動來表現自己對伴侶的忠誠，甚至是透過「承諾典禮」的展現，公開彼此對於關係的付出與承諾，建立一個可以讓別人明顯可見的伴侶界線（Greenan & Tunnell, 丁凡譯，2005）。整體而言，可以看出在伴侶關係的經營中付出承諾的多寡，以及將承諾體現在日常生活當中，往往是同志伴侶關係與朋友關係、一夜情、單純的肉體關係的劃分之處，作為兩人愛情能否持續發展維持的重要依據（Rusbult & Bunnk, 1993）。據此，本章欲以「承諾維持」的概念作為依變項，進一步探討究竟有哪些因素影響著同志伴侶親密關係的經營與維持。

（二）伴侶關係承諾維持的影響因素

一般在親密關係的實徵研究領域中，依研究對象的性傾向，伴侶關係發展的主要可以劃分為兩類。在異性戀伴侶關係經營的調查研究中，其影響因素涵蓋了：社會支持網絡影響彼此對於關係的投入程度（Lewis, 1972, 1973a; Sprecher, 1988; Surra, 1985）與關係中的酬賞（Nye, 1982）。外在其他吸引力愈多，可以選擇的對象愈多時，亦會影響到兩人投入這一段關係的意願（Lewis & Spanier, 1979; Nye, 1982; Rusbult, 1983）。Nye（1982）與Rusbult（1983）則延伸社會交換理論，提出伴侶關係經營中的投入程度、酬賞與關係滿

意度之間的關係。然而，在親密關係中，關係滿意度、投入程度，以及外在其他的吸引力均會對彼此承諾有重要的影響（劉惠琴，2001；Lewis, 1973b; Rusbult, 1980, 1983）。

在同志伴侶親密關係經營與關係品質、關係滿意度的預測層面，有許多研究（包括，Beals & Peplau, 2001; Kurdek, 1991, 1994b, 1998, 2003; Julien et al., 2003; Kurdek & Schmitt, 1986a; Peplau & Cochran, 1990）指出，同志伴侶與異性戀者有許多相同的地方。Duffy 和 Rusbult（1986）亦在研究中驗證 Rusbult（1980, 1983）所形構社會交換理論的「投資模型」（investment model）[3]，即同志伴侶關係中的酬賞程度愈高、付出的成本愈低，關係滿意度會愈高；而其關係的滿意程度愈高、投入程度愈高、其他外在的選擇性愈低時，伴侶關係的承諾亦會隨之增加。尤其是在男同志的伴侶關係中，其他外在的吸引力亦是預測關係滿意度的重要影響因素（Kurdek & Schmitt, 1986b）。Kurdek（1991）在研究中進一步指出，同志伴侶關係在情境模型（contextual model）上，有愈高的社會支持度、善於表達、較少失功能的信念（lower endorsement of dysfunctional relationship beliefs）、不在意別人的眼光（low self-consciousness），其關係滿意度愈高。而關係滿意度的下降則與關係中失功能的信念、關係中酬賞減少、成本

3　Satisfaction ＝（reward － cost）－ Comparison level；
　　Commitment ＝ Satisfaction － Alternative ＋ Investment

增加、關係中投入程度減少有關（Kurdek, 1992b）。

當然，D'Ardenne（1999）在文章中提醒我們，雖然在親密關係的經營互動上，同志伴侶有許多地方與異性戀伴侶一樣，但是，如果把同性戀與異性戀視爲完全一模一樣，等於間接否認了兩者之間的異質性，無益於同志伴侶關係的澄清與認識。鄭美里（1997）、Asanti（1999）、Beals和Peplau（2001）表示，同志伴侶相較於異性戀伴侶，在親密關係的經營必須承受更多的家庭與社會壓力，遠遠超過異性戀者能想像的。Berger（1990）、LaSala（2000）與Murphy（1989）亦指出，無論男同志或是女同志，是否讓父母親等重要他人知道自己同志身分均會影響其伴侶關係的經營。Smith和Brown（1997）進一步強調，來自家人的支持遠比同性或異性戀朋友、同儕團體更來得重要。雖然在恐同壓力甚大的社會當中，向自己家人與朋友揭露性傾向，會面臨到他們的驚訝、不知所措、無法接受的歷程，但隨著時間的增加，他們的也會慢慢的接受，而且給予正面的肯定（Savin-Williams, 1996）。

綜觀上述的文獻討論，筆者嘗試歸納同志伴侶親密關係發展的影響因素可以發現，Rusbult的投資模型（包括：外在其他吸引力、關係滿意度、情感的投入程度、關係中的酬賞）與社會壓力的感受與否、是否要向自己的親友出櫃揭露自己的性傾向，以及社會支持度（包括家人的支持與得到朋友的認同）均會影響伴侶關係中兩人投入這一段關係的意願。

（三）性別的差異

　　Duffy和Rusbult（1986）與Peplau（1981）指出，同志伴侶關係體現在日常生活當中，兩性之間的性別差異其實大於不同性傾向之間的差異；因此，在親密關係的行為預測上，重要的是我們如何被教導成一個男性或女性。特別是女性比男性更重視情感的表達與伴侶兩人的親密程度（Peplau, 1981; Gottman, Levenson, & Gross et al., 2003; Kurdek, 1998），女性關係維持的長度較男性高，男性在關係付出的成本較不會影響到關係滿意度（Duffy & Rusbult, 1986）。且女同志比男同志更在意伴侶關係中兩人的親密程度與互動的酬賞程度（Kurdek, 1988, 1991）。可以看出在同志伴侶關係的研究上，生理性別的差異是一個相當重要的變數。

　　據此，本章將以218位交往6個月以上的同志伴侶為研究對象，檢視其伴侶關係經營的社會處境，並比較男同志與女同志伴侶的差異，最後對照西方的研究成果，呈現國內同志伴侶關係承諾維持的影響因素。

三、研究方法與對象

　　本章以探索性的質化訪談資料作為問卷調查量表製作的參考依據，開展問卷調查的方式蒐集資料，探究台灣同志伴侶承諾維持的影響因素。所使用的資料採自實踐大學專題研究之補助計畫（USC-94-05-19801-48），調查訪問時間自2004年12月底至2005年六月初為止，為期半年左右。

（一）研究對象

　　有鑑於本章受訪對象極少曝光的特殊身分，缺乏具體的母群抽樣架構；再加上社會上恐同污名的刻板印象，使得同志的現身往往被視為挑戰社會道德的尺度，必須付出相當大的成本。因此，在問卷調查的邀請工作上，筆者採立意取樣，透過網際網路、社團、人際網路介紹，以滾雪球的方式，轉介受訪對象，尋求（1）肯定本章重要性，願意分享個人經驗；（2）目前正經歷同性之間的情愛關係；（3）固定交往半年以上的同志伴侶。同時，配合「一樣的承諾，不一樣的愛：同志伴侶親密關係的研究與實務座談會」、「同志伴侶諮商演講」活動的舉辦，盡其可能地增加樣本的異質性，尋訪不同背景、不同年齡層的對象，以避免受訪對象過份集中，多以大學生，或是剛畢業的學生為主，無法完整地呈現男、女同志伴侶承諾維持的影響因素。

　　在218位回收問卷的受訪樣本中，男同志佔34.4%，女同志佔65.6%。在75位男同志當中，有54.7%的受訪者與伴侶同住，教育程度集中於大學畢業，佔了六成以上，年齡分佈在20至53歲，呈連續分佈，平均31.27歲，有72%的就業率，平均交往時間為3年8.73個月。至於女同志的部分，則有61.5%的受訪者與伴侶同住，教育程度分佈在高中職到研究所之間，以大學畢業佔六成以上為最多。平均年齡27.8歲，分佈在19～47歲之間，有58%的就業比例，平均交往時間為3年6.61個月。整體而言，無論是男同志或是女同志平均交往時間都在3年以上，且有超過半數的受訪者與伴侶

同住。

（二）變項測量

1. 其他可能對象之：改編自Stanley和Markman（1992）的Commitment Inventory，來測量身邊其他可能追求者的吸引力，共六題，以1至7計分，分數愈高，其外在可能對象的吸引力也就愈高。內在一致性信度分析Cronbach Alpha為0.84。

2. 關係滿意度：係指個人在感覺層次上，評估對於自己、伴侶以及對於關係整體的滿意程度等五個項目來測量，以1至5計分，分數愈高表示愈滿意彼此的關係（Hendrdick, 1988）。內在一致性信度分析Cronbach Alpha為0.86。

3. 情感的投入程度：是以兩人實際交往的情形進行分析，其中包含實際交往時間與愛情的投入程度。在愛情投入程度的測量上，是以Rubin（1973）Love Scale，0到8間的數字進行測量，共計十三個題目，分數愈高表示愈贊同，其情感緊密程度也就愈高。內在一致性信度分析Cronbach Alpha為0.89。

4. 關係中的酬賞：涵蓋愛、地位提昇、體貼與照顧等七個面向，0表示沒有獲得什麼，5表示獲得很多，其分數愈高，在關係中所得到的酬賞就愈多（Foa & Foa, 1974; Lloyd, Cate, & Henton, 1984）。內在一致性信度分析Cronbach Alpha為0.78。

5. 外在大環境的社會壓力：屬自編量表，以1表示在伴侶交往關係中未曾感受外在的社會壓力，0表示有其社會壓力來源，包括：父母的態度、工作職場、別人的眼光、親友的態度、自我身分認同、男婚女嫁的壓力等，共計10個選項。

6. 出櫃經驗：屬自編量表，包括跟自己父親或母親、兄弟姊妹、親戚、同志好友、異性戀好友、同學、同事，以及其他人出櫃的經驗等，以1表示有出櫃經驗，0表示尚未出櫃。內在一致性信度分析Cronbach Alpha為0.78。

7. 社會支持度：屬自編量表，包括自己父親或母親、兄弟姊妹對倆人交往的贊成度，共八題，1表示非常不贊成，7表示非常贊成，分數愈高表示其社會支持度愈高。內在一致性信度分析Cronbach Alpha為0.95。

8. 承諾維持：在依變項的部分，由於同志伴侶關係在法律上的不被承認，尚無婚姻關係中權利與義務的問題，因此，本章在「承諾」的概念上，強調行動執行意願層面──是指個人願意維持此一親密關係的決定。改編自王慶福、林幸臺和張德榮（1996）、Lund（1985）、Rusbult, Johnson和Morrow（1986）、Sprecher（1988）承諾概念的測量，以我願意與他（她）共度一生等10個題目，採1至6計分，分數愈高，其承諾維持的執行意願也就愈高。內在一致性信度分析Cronbach Alpha為0.92。

四、研究發現

(一) 同志伴侶關係經營的外在壓力

　　如表一所示，無論男同志或是女同志，均有八成以上的人表示在其伴侶關係經營中會面臨到大小不同的社會壓力。其中主要的壓力來源，無論是男、女同志均以父母的態度為主；其次則包括親友態度、工作職場與別人的眼光。此與國內2001年女同志網路社團拉拉資推進行的「第四屆拉子網路人口普查活動」[4]調查結果相似：有超過五成五的女同志表示，日常生活中最主要的壓力源是來自於家庭、父母親。[5]可以看出同志伴侶關係經營的社會處境，如同朱偉誠（2000）、畢恆達（2003）與劉安真（2001；劉安真等人，2005）在研究中所指出的：在華人生活社會中，個人並非孤立的主體，而是社會關係網絡的成員之一，其中最難現身的對象是父母。在中國人的孝道倫常觀念裡，家庭都是中國人最重要的內團體（Hwang, 1978），對多數人仍然有很大的牽制力量。

4　2001年11月至12月間，於各同志聚集的BBS站、網站及電子報上，進行台灣拉子人口結構變化的大調查。

5　其次才是同儕朋友、親戚、社會輿論和職場。

表一、同志伴侶關係經營的外在壓力來源

變項	男同志		女同志	
	百分比（%）	排序	百分比（%）	排序
父母的態度	60	1	55.2	1
工作職場	32	2	25.9	4
別人的眼光	29.3	3	27.3	3
親友的態度	25.3	4	29.4	2
自我身分認同	18.7	5	14	6
男婚女嫁的壓力	17.3	6	17.5	5
未有外來的壓力	16	7	12.6	7
沒有異性戀伴侶	12	8	10.5	8
傳宗接代的壓力	10.7	9	3.5	10
其他的部分	2.7	10	5.6	9

（二）同志伴侶關係經營的性別差異

　　在男同志與女同志伴侶關係經營的差異比較層面，如表二所示，可以看出男同志比女同志更在意外在其他是否有可能對象之吸引力，且社會支持度亦較女同志來的高，而女同志則比男同志更重視愛情的投入程度。就Sabatelli和Karen（2004）與Thibaut和Kelley（1959）交換理論的觀點而言，當個人覺得被伴侶所吸引，意味著其伴侶關係有高度的酬賞；倘若其他關係的吸引力超過個人當前的伴侶關係時，表示個人對於關係的依賴較低。女同志較男同志投入更多的情感成本，且較男同志有較低的外在其他可能對象之吸引力，意味著女同志較男同志更為依賴其伴侶關係。至於在關係滿

意度層面上，男同志與女同志則無明顯的差異（Duffy & Rusbult, 1986; Kurdek, 1991），其他層面（包括關係中所獲得的酬賞，以及對於伴侶關係的承諾）男同志與女同志亦無顯著的差異。

　　此外，相較於異性戀伴侶關係經營的理所當然，可以法律作爲基礎，透過婚禮的宣誓儀式，開展伴侶雙方新的權利與義務，包括夫妻冠上配偶的姓氏[6]、互負同居義務[7]、雙方協商住所[8]、日常生活家務與財物代理[9]、夫妻財產制[10]，以及扶養義務[11]……等。無論是在外在形式、或是內在規範與道德約束，均增加兩人分手的成本，以防止個人離開伴侶關係（Sabatelli & Karen, 2004）。由於同志伴侶關係在台灣尚未通過法律的認可，其伴侶關係的經營「只能這樣……過著有名無實的婚姻生活」（吳昱廷，2000：39），可以看出男同志與女同志在其伴侶關係的經營中，承受了相同的社會壓力污名與出櫃經驗。

6　民法第一千條。
7　民法第一千零一條。
8　民法第一千零二條。
9　民法第一千零三條。
10　民法親屬篇第四節第一款。
11　民法第五章。

表二、同志伴侶關係經營的性別差異

變項	男同志		女同志		t-value	
	Mean	SD	Mean	SD		
1.外在其他可能 對象之吸引力	21.81	8.40	18.75	7.88	2.67	**
2.關係滿意度	20.47	2.78	20.71	3.18	-.54	
3.情感的投入程度						
3.1兩人交往時間	44.73	35.11	42.61	37.31	.41	
3.2愛情投入程度	75.02	17.56	81.31	13.56	-2.71	**
4.關係中的酬賞	24.84	5.22	26.16	5.10	-1.79	
5.社會壓力與否	.16	.37	.13	.33	.69	
6.出櫃經驗	3.92	2.30	4.52	1.79	-1.97	
7.社會支持度	46.38	9.29	43.97	7.83	1.98	*
8.承諾維持	48.91	9.30	48.85	8.74	.04	

*$p < .05$; ** $p < .01$; ***$p < .001$

（三）相關分析

　　在同志伴侶承諾維持有關變項之間的相關性檢定中，可以看出自變項兩兩之間的關係數值均在$-0.429 \sim 0.461$之間，沒有產生所謂的多重線性問題。外在其他可能對象之吸引力與愛情投入程度、關係中的酬賞呈現負相關。關係滿意度與兩人交往時間、愛情投入程度、出櫃經驗的多寡呈現正相關。兩人交往時間與關係中的酬賞呈現正相關；愛情投入程度與關係中的酬賞、出櫃經驗的多寡呈現正相關；社會壓力與否與出櫃經驗的多寡、社會支持度呈現正相關。整體而

言，除了外在其他可能對象吸引力與承諾維持呈現中度負相關之外，其餘變項均與承諾維持呈現正相關，其中又以關係滿意度、愛情投入程度與承諾維持呈現高度正相關（詳見表三）。

　　若進一步比較同志伴侶關係承諾維持有關變項之相關分析的性別差異，如表四所示，可以看出女同志在關係酬賞、社會支持度與外在其他可能對象吸引力呈現負相關；出櫃經驗、社會支持度與關係的滿意度呈現正相關；愛情投入程度與社會支持度呈現正相關；出櫃經驗、社會支持度與社會壓力與否呈現正相關；而男同志則在愛情投入程度與出櫃經驗呈現正相關。

表三、同志伴侶承諾維持有關變項之相關分析

變項	1	2	3	4	5	6	7	8
1.外在其他可能對象之吸引力	1							
2.關係滿意度	-.301***	1						
3.情感的投入程度								
3.1兩人交往時間	-.010	.227**	1					
3.2愛情投入程度	-.429***	.455***	.084					
4.關係中的酬賞	-.224**	.461***	.216**	.376***	1			
5.社會壓力與否	.028	.084	-.003	.032	.048			
6.出櫃經驗	-.025	.152*	-.059	.210**	.085	.183**		
7.社會支持度	-.102	.111	-.024	.096	.067	.208**	.021	1
8.承諾維持	-.459***	.613***	.347***	.608***	.412***	.151*	.185**	.138*

*p＜.05; ** p＜.01; ***p＜.001

表四、男／女同志伴侶承諾維持有關變項之相關分析

變項	1	2	3	4	5	6	7	8
● 男同志								
1.外在其他可能對象之吸引力	1							
2.關係滿意度	-.299**	1						
3.情感的投入程度								
3.1兩人交往時間	-.025	.334**	1					
3.2愛情投入程度	-.361**	.448***	.072	1				
4.關係中的酬賞	-.107	.314**	.174	.391**	1			
5.社會壓力與否	-.021	.216	.096	.120	.124			
6.出櫃經驗	.071	.113	-.068	.265*	.038	.136	1	
7.社會支持度	-.036	.010	-.065	-.014	.008	.106	.002	1
8.承諾維持	-.468***	.617***	.450***	.660***	.430***	.272*	.145	.045
● 女同志								
1.外在其他可能對象之吸引力	1							
2.關係滿意度	-.302***	1						
3.情感的投入程度								
3.1兩人交往時間	-.010	.183*	1					
3.2愛情投入程度	-.446***	.475***	.105	1				
4.關係中的酬賞	-.264**	.531***	.246**	.345***	1			
5.社會壓力與否	.044	.022	-.059	-.016	.013	1		
6.出櫃經驗	-.048	.175*	-.048	.122	.090	.232**	1	
7.社會支持度	-.185*	.175*	-.011	.227**	.126	.267**	.062	1
8.承諾維持	-.466***	.615***	.295***	.597***	.408***	.076	.218*	.193*

*p＜.05; ** p＜.01; ***p＜.001

　　至於在伴侶關係的承諾維持層面，男同志在社會壓力與否層面與承諾維持呈現正相關；女同志則否。而女同志在伴侶關係中出櫃經驗、社會支持度與承諾維持的相關性則較男

同志強。表示男同志在伴侶關係的經營當中，若愈沒有社會壓力，其伴侶關係的承諾維持度愈高。相較之下，女同志在伴侶關係中，社會壓力與否與承諾維持應無顯著的相關性。而女同志在伴侶關係的經營當中，出櫃經驗愈豐富，社會支持度愈高，其伴侶關係的承諾維持度愈高。男同志在其伴侶關係中，承諾維持與出櫃經驗、社會支持度並無顯著的相關性。

（四）同志伴侶關係承諾維持的影響因素

為進一步呈現同志伴侶關係承諾維持的影響因素，本章運用多元迴歸方程式，以承諾維持為依變項，比較個人與男、女同志在伴侶關係承諾維持影響因素的差異。其結果如表五所示，無論是個人在伴侶關係承諾維持預測，或是男同志、女同志伴侶關係的比較，均驗證Rusbult（1980, 1983）所形構社會交換理論的投資模型。係指其伴侶關係經營中，其他外在的選擇性愈低、關係滿意程度愈高、投入程度愈高時，伴侶雙方在親密關係經營的承諾度也會受其影響，隨之升高。可以看出外在其他可能對象之吸引力、關係滿意度、兩人交往時間、愛情投入程度為影響伴侶關係承諾維持意願的重要指標。

此外，在社會壓力與否、出櫃經驗與社會支持度對於同志伴侶關係承諾維持的預測層面，可以看出男同志在伴侶關係承諾維上持較女同志易受社會壓力的影響。至於在其他變項上，則無顯著差異。其中值得注意的是，在國內無論是男

表五、同志伴侶關係承諾維持之多元迴歸分析

變項	個人			男同志			女同志		
	B	SE	Beta	B	SE	Beta	B	SE	Beta
1.外在其他可能對象之吸引力	-.242***	.054	-.225	-.291**	.085	-.270	-.245**	.070	-.223
2.關係滿意度	.924***	.158	.324	.637*	.277	.200	.983***	.198	.363
3.情感的投入程度									
3.1兩人交往時間	.059***	.011	.242	.084***	.019	.330	.047**	.014	.196
3.2愛情投入程度	.177***	.032	.305	.187***	.046	.356	.188***	.044	.296
4.關係中的酬賞	.052	.089	.030	.187	.141	.101	.010	.116	.006
5.社會壓力與否	3.153**	1.194	.122	3.696*	1.788	.150	2.453	1.609	.092
6.出櫃經驗	.194	.214	.042	.158	.316	.038	.402	.294	.081
7.社會支持度	.021	.048	.020	.035	.068	.036	-.014	.068	-.013
Constant	14.655**	4.216		17.121*	7.033		14.227**	5.382	
Adjusted R2	.595***			.671***			565***		

*p＜.05; ** p＜.01; ***p＜.001

同志或是女同志，其出櫃經驗與社會支持度並不會影響其伴侶關係承諾維持的意願。亦即表示同志伴侶關係的經營脫離異性戀「男婚女嫁」外在社會力的介入，在擇偶的過程中摒除受到社會支持網絡與父母親的想法的影響，就像鄭美里（1997：182）所說的：「都是來來去去……自由度很高，沒有正式結婚儀式昭告天下，不必承擔任何事情，不必誰養誰，也沒有責任。」在文化資源匱乏、缺乏社會支持的處境中，同志伴侶關係的經營只能從兩個人的親密關係裡不斷地去挖掘、掏空，而且當有家人知道其伴侶關係，往往都勸離不勸和（周倩漪，1997；廖國寶，1998），益發彰顯出同志伴侶關係經營的純粹性。

五、研究結果

檢視本章分析結果發現，二十一世紀台灣社會親密關係發展的變革，伴隨著戀愛與伴侶型態的多元化發展，其實已經打破了男／女作為伴侶交往的組合，跨越了異性戀的單一思考模式。在男男／女女的伴侶關係經營當中，綜合上述討論，主要可分為四點：

（一）關係中的酬賞作為間接性的影響因素

在關係回饋酬賞的層面，如表三、四所示，可以看出同志伴侶關係回饋酬賞與承諾維持呈現中度相關。然而，在承諾維持的影響因素預測上，如表五所示，其解釋量比預期來

的小。對此，筆者認為一方面，如同Rusbult投資模型的預測，伴侶關係回饋酬賞對於承諾維持僅於間接性的影響因素；另一方面，可以結合劉惠琴（2001）的研究成果，強調台灣人在傳統民俗「吃苦像吃補」、「相互忍讓」、「不求回報」的觀念底下，親密關係的經營對於所謂「酬賞」與「回饋」，往往被視為是一種Mills所謂不求回報的「共體關係」（communal relationships）（轉引自劉惠琴，2001）。因此，其關係回饋酬賞對伴侶關係承諾維持的影響較不是單純、直接性的作用力，而其解釋量亦不如原來預期。

（二）純粹的伴侶關係

在同志伴侶關係的經營當中，可以看出其親密關係的承諾維持，撤除了父權社會底下「延續宗族命脈」、「男方家裡娶媳婦，女方家裡嫁女兒」的傳統文化腳本，與伴侶關係中男／女社會化過程的性別差異。在考量現實的社會壓力與否、其他外在的選擇性之外，其伴侶關係更為關注於雙方本身在親密關係中的經驗，包括伴侶關係的滿意度與情感的投入程度，就像本書第四章受訪者小花所說的：「異性戀婚姻會經歷生孩子、結婚、生孩子……一直有事件讓你們往下走，可是同志沒有，所以我們二個交換的不是孩子呀！社會責任呀！兜成一個家，我們交換的是夢想、未來還有老年的陪伴。」唯有帶給彼此足夠的滿足，共同創造伴侶關係，兩人的親密關係才能繼續經營與維持，彰顯出同志伴侶關係的純粹性（Giddens，陳永國、汪民安譯，2001）。

（三）出櫃揭露性傾向與伴侶關係的經營

　　誠如上述文獻回顧的討論，在過去研究當中許多研究
（Berger, 1990; LaSala, 2000; Murphy, 1989; Smith & Brown,
1997）均指出揭露自己的性傾向而獲得社會支持，會影響其
伴侶關係的經營。但是，本章所呈現的研究成果如表五所
示，在出櫃經驗與社會支持度這兩個變項對其伴侶關係承諾
維持的意願僅有低度的相關性，並未達顯著的預測度。筆者
檢視內外在影響因素，認為其中的影響因素有二：（1）在
以「關係」作為人際交往、互動的特殊社會處境底下，同志
伴侶關係的經營體現在日常生活世界當中，如同本書第一章
所提到的，同志伴侶所要面臨的挑戰不僅限於兩人的互動相
處層面，亦結合了法律、社會、家庭與個人等多面向的交互
影響，蘊含對傳統法律規範的挑戰，鬆動僵化的性別框架，
跨越婚姻界線，對文化價值觀念造成直接的衝擊。為降低對
伴侶關係的影響，以及減少兩人身分曝光的風險，彰顯出台
灣同志伴侶關係經營的純粹性。（2）如同Jordan和Deluty
（2000）的研究成果，同志伴侶關係經營受到社會支持度的
影響，是否揭露自己的性傾向成為間接性的影響因素。

　　然而，對此一研究發現，筆者認為即便是出櫃經驗與社
會支持度對其伴侶關係承諾維持的意願沒有顯著的預測力；
但並不表示同志是否揭露自己的性傾向對其伴侶關係承諾維
持沒有差異。因此，筆者欲進一步以獨立樣本T檢定，比較
男、女同志向不同對象揭露自己的性傾向，對其伴侶關係承
諾維持是否會有所差異。研究結果如表六所示可以看出，是

否向自己的父母親、兄弟姊妹等不同對象揭露自己的性傾向，其伴侶關係承諾維持亦有所差異。尤其對於女同志來說，是否向自己的父母親與兄弟姊妹揭露自己的性傾向，對其伴侶承諾維持的意願有顯著的差異。亦即向自己的父母親與兄弟姊妹揭露自己的性傾向，其伴侶承諾維持的意願較高。至於在男同志的部分，向異性戀好友揭露自己的性傾向，其伴侶承諾維持的意願明顯較隱瞞自己的性傾向來的高。

（四）男同志與女同志關係經營的差異

若進一步比較男同志與女同志關係經營的差異，誠如 Green, Betting 和 Zacks（1996）所說的，過去許多人認為男同志寧可單身，不注重伴侶關係，其實是一個迷思。在本章中亦可以進一步看出，同志伴侶關係經營中，男同志與女同志一樣關注彼此在親密關係中的經驗（包括關係滿意度、關係中的籌賞與承諾維持意願）。即便是在兩人關係交往的時間長度上，亦無明顯的差異，與過去研究成果略有不同。整體而言，可以看出女同志確實比男同志更為重視愛情投入程度，而男同志在其伴侶關係的經營當中，較女同志易受外在其他可能選擇對象的吸引，彰顯出女同志較男同志更為依賴其伴侶關係，此與本書第四章中論及女同志純粹而黏膩的伴侶關係相一致。

此外，在日常的生活經驗當中，由於喜歡的對象是同性，面對整個大環境的歧視與偏見，同志伴侶關係的經營，無論是男同志或是女同志均面臨相同的社會壓力與污名處

境。唯獨男同志在社會支持度上略高於女同志，與 Kurdek
（2003）研究結果略有不同。而在此一變項上的性別差異，
筆者唯恐受限於國內獨特的社會處境，致使在邀請問卷填寫
的過程中，所回收的問卷多為自我認同度高、社會支持度高
的受訪樣本，或是受限於男同志的問卷回收量僅於整體樣本
的三分之一，有待未來研究可進一步釐清。至於在接下來的
章節中，筆者將以同一份問卷為工具與異性戀伴侶關係進行
比較，在相同的比較基礎下，繼續探討異性戀已婚夫妻、未
婚情侶與同志伴侶關係經營三者之間的差異。

表六、比較是否向不同對象揭露自己的性傾向對其承諾維持的差異

	Gay					Lesbian				
	Yes		No		t-value	Yes		No		t-value
	Mean	SD	Mean	SD		Mean	SD	Mean	SD	
自己的父母親	50.269	8.317	48.447	9.903	.795	52.523	6.930	47.377	9.060	3.688***
兄弟姊妹	50.472	9.382	47.757	9.251	1.245	51.329	7.800	46.413	9.152	3.418**
親戚	52.833	7.414	48.908	9.581	.975	50.593	9.056	48.613	8.683	1.056
同志好友	49.106	9.064	48.375	11.819	.208	49.009	8.703	49.333	10.693	-.064
異性戀好友	50.580	8.476	45.792	10.279	2.121*	49.294	8.968	47.579	7.305	.792
同學	49.941	8.665	48.216	9.995	.774	48.179	9.389	50.773	6.961	-1.825
同事	49.320	8.788	49.522	9.493	-.088	50.298	8.540	48.015	8.866	1.516
其他人的部分	51.167	8.796	44.429	10.845	1.215	49.400	9.204	43.750	9.069	1.041

*p＜.05; ** p＜.01; ***p＜.001

第七章

已婚夫妻、未婚情侶與同志伴侶關係之比較研究[1]

由於國內對非異性戀同志伴侶關係缺乏認識,因此,對其呈現出多元、豐富的家庭組合與伴侶關係經營樣態的瞭解,顯得極為陌生;加上沒有具體的法律規範,使得《社會福利政策綱領》僅僅停留在政策宣示層次上。

1　本文編修自謝文宜、曾秀雲(2007)〈探討伴侶關係滿意度及其相關因素:比較已婚夫妻、未婚情侶與同志伴侶的差異〉。《台灣性學學刊》,13(1),71-86。初稿曾發表於2006年社會學會年會暨國科會專題研究成果發表會「走出典範:五十年的台灣社會學」學術研討會。台中:東海大學。2006年11月26日。

一、緒論

　　長期以來，「家」一直是華人社會中提供個人情感與社會運作的重要組織，其伴隨而來的伴侶關係經營與互動，亦是社會學研究的重要核心（伊慶春，1991；簡文吟、伊慶春，2004）。如本書第一章所述，目前全球已有荷蘭、比利時、加拿大、美國麻州與西班牙等國家承認同志伴侶的婚姻關係。然而，面對以父子傳承作為家族命脈延續的台灣社會，儘管已於2004年內政部《社會福利政策綱領》第三條進一步明訂：「應尊重因不同性傾向、種族、婚姻關係、家庭規模、家庭結構所構成的家庭型態，及價值觀念差異。」（內政部社會司，2004）但在家庭與伴侶關係經營的討論上，仍以男女作為主體的親密關係為主，從兩性交往、擇偶到婚姻互動與子女教養，停留於異性戀未婚男女與異性戀夫妻的討論。至於在非異性戀伴侶關係互動的相關討論，僅見於強調多元文化的家庭社會學教科書與相關研究。就法律的層次而言，原則上民法雖無明文禁止同性戀婚姻，但依現行法律體系解釋及司法實務之運作，卻仍然只允許異性戀婚姻，認為「家庭」必須是由合法締結之婚姻與婚生子女為要素而組成（施慧玲，2001），「婚姻」則是一男一女之異性戀住在一屋簷下之結合（陳宜倩，2003）。

　　整體而言可以看出，由於國內對非異性戀同志伴侶關係缺乏認識，因此，對其呈現出多元、豐富的家庭組合與伴侶關係經營樣態的瞭解，顯得極為陌生；加上沒有具體的法律

規範，使得此一綱領僅僅停留在政策宣示的層次上。對此，筆者欲從多元的伴侶關係與家庭型態，對於異性戀已婚夫妻、未婚情侶與同志伴侶關係的經營進行比較分析，嘗試探究其不同伴侶關係型態的異同之處，企望藉由此一研究得以更為完整地呈現伴侶關係與家庭型態的豐富性，作為未來國內相關政策與立法的參考依據。

二、文獻回顧

（一）國內、外同志伴侶關係研究

綜觀國內、外在同志伴侶關係經營影響因素的討論，可以發現近年來逐漸有一些學者以問卷調查和訪談的方式，比較男、女同志與異性戀伴侶經營關係上的差異（例如：吳昱廷，2000；謝文宜、曾秀雲，2005；Duffy & Rusbult, 1986; James & Murphy, 1998; Julien et al., 2003; Kurdek, 1995a, 1995b, 1998, 2003; Kurdek & Schmitt, 1986a; Peplau & Cochran, 1990）。當中許多研究顯示，儘管同志和異性戀伴侶最大的差異在於伴侶的性別不同，但無論是男同志、女同志或是異性戀者，都覺得一份穩定的關係可以提供情感與陪伴上的需求，如果在可以選擇的情況下，同志與異性戀一樣，雙方都希望追求、並且維持一個穩定的伴侶關係（莊慧秋，1991；Julien, et al.,2003; Kurdek, 1995a; Peplau, 1991; Slater, 1995; Weeks, 2000）。即便是面對兩人關係衝突時，男同志、女同志與異性戀伴侶之間，亦如同本書第五章所提到

的，呈現極為相似的特徵，在兩人日常生活的互動層面，多以相同的模式在運作著（謝文宜、曾秀雲，2005；James & Murphy, 1998; Julien et al., 2003; Kurdek, 1998, 2003; Metz, et al.,1994; McWhirter & Mattison, 1996）。

當中值得注意的是，西方社會在同志伴侶關係相關研究領域中，運用質性訪談、自陳式（self-report）的問卷調查、錄影觀察法、生理實驗研究與貫時性追蹤研究（longitudinal study），進行未婚男女、異性戀夫妻、同居伴侶的交互比對，以呈現不同伴侶關係型態的異同之處。相較之下，國內同志伴侶關係的相關研究，無論是在研究方法，或是研究對象上，均顯得極為缺乏。例如：吳昱廷（2000）試圖以質性訪談的方式，比較異性戀與男同志同居伴侶家務分工上的差異；以及筆者過去發表的論文嘗試以問卷調查研究的方式，比較異性戀與同志伴侶在關係經營與衝突處理的差異（謝文宜、曾秀雲，2005；Shieh & Hsiao, 2006）。但是，就研究對象的比較分析而言，這些論文均以未婚男女作為同志伴侶比較的對象，未能進一步呈現同志與異性夫妻關係的差異，彰顯不同伴侶關係的經營樣態，實屬可惜。

對此，劉惠琴（2001）在研究中曾指出，在台灣社會特殊的文化規範底下，不同於西方個人主義式的人際互動，其伴侶關係經營所看重的不僅僅只是關係中的兩個人，還有關係中所扮演的角色。然而，根據筆者的研究經驗，雖然在外在其他可能對象之吸引力、衝突的情形與愛情的投入程度層面，同志伴侶與異性戀者相似，但整體而言，同志伴侶在台

灣傳統的社會規範底下，其親密關係所涉及到的問題不只包括了兩人的互動相處層面，亦結合了法律、社會、家庭與個人身分認同等多面向的交互影響，涉及了不同力量的相互拉扯、角力、辯證與衝突。（謝文宜、曾秀雲，2005）相較於異性戀者，同志伴侶所必須承受的家庭與社會壓力，遠遠超過異性戀所能想像的。即因而不同性取向伴侶關係經營的異質性仍大於性別差異性，與Duffy和Rusbult（1986）、Peplau（1981）對西方社會的調查結果略有不同。對此，筆者認為國內在探討伴侶關係經營時，必須交互比對異性戀已婚夫妻、未婚情侶與同志伴侶關係的經營型態，方能完整地呈現伴侶關係與家庭型態的豐富性。

（二）伴侶關係經營重要的影響因素

　　至於什麼是伴侶關係經營重要的指標？國內學者近年來眾說紛紜，在異性戀的婚姻關係當中，一般最常被使用的指標包括：婚姻滿意度（marital satisfaction）、婚姻調適（marital adjustment）、婚姻品質（marital quality）與婚姻幸福程度（marital happiness）等。其中伊慶春和熊瑞梅（1994）曾指出，婚姻滿意度為個人主觀評估婚姻與伴侶關係整體感受重要的測量指標，同時，也是研究婚姻關係最常使用的變項（沈瓊桃，2002）。對於此一說法，近年來陸續有學者進一步嘗試將婚姻滿意度的研究焦點從個人對婚姻的主觀評價，擴大至夫妻互動關係，強調夫妻間良好的互動方式具有直接提昇婚姻滿意度的效果（吳明燁、伊慶春，2003），並

且發現個人特質（例如：性別、年齡、教育程度與收入）、夫妻間的互動關係（例如：自我揭露、價值觀一致性、信任、衝突）及外在其他因素（例如：家庭結構與其他親友關係的影響）也是婚姻滿意度的重要影響因素（孔祥明，1999；沈瓊桃，2002；張思嘉，2001b；蔡詩薏、胡淑貞，2001）。而筆者過去的經驗亦發現，無論是同志伴侶或是異性戀者，其伴侶關係維繫能否長久的重要影響因素，不外乎是：溝通、信任、包容與體諒（謝文宜等人，2006）。至於在婚前階段，張思嘉（2001a）則強調個人想法與期待、雙方互動（包括：溝通、自我揭露、衝突）、社會網絡（包括：社會支持與其他外在的吸引力），以及外在或不可抗拒的環境因素等四類，會對伴侶關係發展歷程造成影響。

　　然而，回顧國內同志研究的相關文獻發現，截至目前為止，僅有筆者曾探討伴侶關係承諾維持的影響因素，嘗試驗證Rusbult所形構社會交換理論的「投資模型」（謝文宜、曾秀雲，2005）。至於在非異性戀的伴侶關係滿意度層面，筆者雖曾探討同志伴侶關係的權力結構、衝突處理對於婚姻滿意度的影響（Shieh & Hsiao, 2006），但仍未曾有研究針對不同伴侶關係的經營型態進行比較分析。Kurdek（1995a）則認為，同志與異性戀伴侶關係經營除了關係滿意度沒有太大差異之外，其影響因素亦極為相似。對此，筆者基於以下兩點考量，初步嘗試將異性戀夫妻放入本章中進行討論。

　　1. 倘若我們欲在研究中進一步思考同志與其他伴侶關係
　　　 經營的異同之處，便必須嘗試將其伴侶關係的變項測

量常態化，方能在相同的因子中檢視不同伴侶關係類
型的差異。

2. 立基於筆者過去的研究經驗，曾針對同志伴侶與未婚
男女關係經營進行比較分析（謝文宜、曾秀雲，
2005），但由於未婚情侶交往的時間，往往伴隨著年
齡的增加，而面臨到伴侶雙方是否要進入婚姻的考
量。因此，相對而言，部分同志伴侶交往已有5年、
10年之久，甚至是住在一起很長的時間，對其而言，
伴侶關係的經營不同於未婚情侶，反而與異性戀夫妻
較爲相似。

此外，筆者並在異性戀伴侶關係經營的基礎上，從個
人、關係與外在社會網絡因素三大層面，作爲分析的主軸，
進而探索異性戀已婚夫妻、未婚情侶與同志伴侶其關係經營
兩兩之間的差異。

三、研究方法與對象

（一）方法與樣本來源

本章以問卷調查的方式蒐集資料，其所使用的資料是採
自實踐大學專題研究之補助計畫USC 92-05-19801 -011與
USC 94-05-19801-48，共獲得樣本1006位。在388位已婚夫
妻（男、女各194位）樣本的資料蒐集主要從2006年6月底
至2006年8月初爲止，爲期1.5個月左右。其中先生的年齡
分佈在25至65歲之間，平均42.33歲；妻子年齡分佈在21至

62歲之間，平均40.14歲；教育程度以大學畢業居多，其次為高中職，平均婚齡為14年半。

　　而400位（男、女各200位）交往6個月以上未婚男女樣本，資料蒐集的地區以台北縣、市為主，調查的時間主要從2003年11月底至2004年1月初為止，為期1個半月左右。未婚男性受訪者年齡層分佈在20至40歲之間，平均26.27歲；未婚女性年齡層分佈在18至36歲之間，平均24.74歲。而其教育程度不分男、女均集中於專科與大學，平均交往2年又9.8個月。至於同志伴侶樣本的資料蒐集主要自2004年12月底至2005年6月初為止，共計回收了218位（男同志75位，女同志143位）交往6個月以上的同志伴侶資料，為期半年左右，其樣本資料與第六章相一致。

（二）變項測量

　　至於在變項測量的部分，Slater（1995）的研究經驗曾建議我們，倘若在研究中要進一步思考同志與其他伴侶關係發展的異同之處，必須將其伴侶關係與測量的概念常態化，方能在相同的發展階段與概念中，檢視其中異同之處。對此，在伴侶關係滿意度的影響因素，本章誠如上述文獻分析討論的概念，歸納三大層面，包括：個人特質（例如：年齡、教育程度與收入）、關係因素（例如：價值觀相似度、自我揭露、信任、衝突情形、關係中情感投入的程度）及外在其他因素（例如：外在其他可能對象之吸引力）是重要的影響因素，其內在一致性信度分析Cronbach Alpha檢驗結果如表一所示，所得信度係數均大於0.7。

表一、內在一致性信度分析Cronbach Alpha檢驗表

變　項	題數	Cronbach Alpha		
		已婚夫妻	未婚情侶	同志伴侶
價值觀相似度	9	.91	.84	.87
自我揭露程度	10	.94	.90	.93
信任程度	10	.89	.85	.89
衝突情形	9	.88	.84	.84
關係中情感的投入程度	13	.92	.88	.89
外在其他可能對象之吸引力	6	.77	.78	.84
關係滿意度	5	.90	.84	.86

　　至於在效度檢定的層面，本章考量翻譯國外量表可能遭遇到跨文化差異（cross-cultural difference）所產生語意不同的問題。因此，在量表的使用上，採用返翻譯（back-translation）的方式，將英文譯成中文，再從譯好的中文譯回英文，與原文進行對比分析，修正語意的差異，並於1993年針對279位大學生施測檢視後進行修訂（Shieh, 1994），修正量表題項，詳細說明如下：

1.個人因素

　　性別1為男性，0為女性。關係型態分為兩個虛擬變項，虛擬變項一以1為異性戀夫妻，0為未婚男女與同志伴侶；虛擬變項二以同志伴侶為1，異性戀者為0。年齡依其受訪時的實際年齡加以計算。教育程度指的是個人在正式教育機構中受教育度程度來測量，其中沒有受過教育、不識字

者爲0分，小學爲1分，國（初）中爲2分，依此類推，分別
給0至7分，分數愈高表示所受的教育程度愈高。收入則依
塡寫問卷時，個人月收入來進行計算。

2.關係因素

（1） **價値觀相似度**：金錢、休閒娛樂、情感的表達方式
等九個測量的面向，分數愈高，其關係中價値觀念
也就愈相似（Lewis, 1973; Shieh, 1990）。

（2） **自我揭露度**：以個人習慣、曾經做過覺得歉疚、不
會在衆人面前做的事等10個題目，測量與對方吐
露、分享個人習性及好惡的意願，0表示從來不談，
4表示談的很完全，分數愈高自我揭露程度愈高，在
文中主要劃分爲一般的生活分享、心裡的恐懼與秘
密兩類（Miller et al., 1983）。

（3） **信任程度**：改編自Larzelere和Huston（1980）與
Rempel等人（1985）的Dyadic Trust Scale測量自己
對於伴侶的信任程度，以1至7計分，1表示非常不
同意，7表示非常同意，分數愈高，表示自己對於伴
侶的信任程度愈高。

（4） **衝突情形**：測量雙方可能有意見不一致的九個項
目，包括金錢、休閒娛樂、情感的表達方式等，0表
示從未有爭執，6表示幾乎總是有爭執，分數愈高衝
突頻率愈高（Lewis, 1973）。

（5） **關係中情感投入的程度**：是指對伴侶深愛的程度，

以Rubin（1973）Love Scale，0至8間的數字進行測
量，共計十三個題目，分數愈高表示愈贊同，愛情
的投入程度與情感緊密程度也就愈高。

3.外在其他可能對象之吸引力

改編自Stanley和Markman（1992）的Commitment
Inventory，來測量身邊其他可能追求者的吸引力，共六題，
以1至7計分，分數愈高，其外在可能對象的吸引力也就愈高。

4.依變項：關係滿意度

關係滿意度係指個人在感覺層次上，評估對於自己、伴
侶以及對於關係整體的滿意程度等5個項目來測量，以1至5
計分，分數愈高表示愈滿意彼此的關係（Hendrdick, 1988）。

（三）研究限制

在伴侶關係經營的量化問卷調查研究中，最常被提出質
疑與詬病的地方在於：將測量的變項常態化，忽略了其中複
雜而綿密的歷程與多元的樣貌。對此，筆者認為伴侶關係的
經營涉及了鉅觀與微觀，以及關係影響因素的分析、推論、
關係型態比較，或是縝密的互動歷程等，不同資料呈現的難
題。因此，倘若我們要進行類型化的比較分析，不免陷入將
其測量的概念類型化的研究限制，至於微觀層次複雜的情感
互動，及其關係經營內涵的多元性呈現，則必須、也值得另
闢專文處理，方能得以做更完整的討論。

除此之外，由於本章所使用的資料是採自實踐大學專題研究之補助計畫資料庫；因此，在資料的使用與其成果呈現上，亦某種程度延續過去所遇到的研究限制如下，以提醒讀者：

1. **資料庫蒐集的時間差**：由於本章所使用資料庫源自於三個不同時間點的蒐集資料，因此，在已婚夫妻、未婚情侶與同志不同伴侶關係經營型態的比較分析上，未能排除時間差異的影響因素，期待未來相關研究能嘗試在同一時間點上進行橫斷面的問卷施測。

2. **研究對象與分析單位的限制**：猶如畢恆達（2003）的研究指出，透過滾雪球抽樣方式，其受訪者的邀請必然受限於筆者的人際網絡、受訪者對於筆者信任與否，以及受訪者願意公開現身程度的影響，進而吸引同質性高的受訪對象。至於在分析單位上，有鑑於同志伴侶成對樣本資料蒐集的困難，因此，在資料分析上本章僅採個人作為分析的單位。

3. **未能納入外在社會性因素**：筆者認為原因有二（1）有鑑於本書第六章所提到的，同志伴侶關係經營所得到的支持與面對的壓力，不同異性戀「男婚女嫁」外在社會力的介入，在擇偶的過程中摒除受到社會支持網絡與父母親的想法的影響；（2）在朋友圈中所形塑的人際階層與社會網絡又分為，同志朋友、有出櫃的異性戀朋友、沒有出櫃的異性戀朋友，在問卷資料的蒐集上，無法放在相同的架構中進行比較分析。因

此，儘管有許多文獻資料指出外在社會結構因素對於伴侶關係會產生影響，但在本章中仍受限於資料蒐集比較的立基點的差異，不對此一概念進行比較與討論，僅能有限度地比較分析、呈現異性戀與同志伴侶關係滿意度及其影響因素的差異。

四、研究發現

（一）比較不同伴侶關係型態在關係滿意度及其影響因素的差異

在異性戀已婚夫妻、未婚情侶、男同志與女同志伴侶四種不同伴侶關係型態在關係滿意度及其影響因素的差異性比較層面，其研究結果如表二所示，對異性戀伴侶而言，在婚後的自我揭露與愛的投入程度明顯較婚前低。相較之下，同志伴侶關係的經營，以女同志伴侶較異性戀者重視伴侶關係的自我揭露、信任與滿意程度；而男同志在外在其他可能對象之吸引力，較其他類型的伴侶關係高。整體而言，無論是已婚、未婚的異性戀者，或是男、女同志伴侶在關係經營中價值觀相似度與衝突頻率層面無顯著的差異；至於在自我揭露程度、信任度與關係滿意度上，同志伴侶高於已婚夫妻與未婚情侶，與Kurdek（1995a）在西方社會的研究發現，異性戀與同志伴侶在關係滿意度的層面沒有太大的差異，略有不同。

表二、不同伴侶關係型態在關係滿意度及其影響因素的差異

變項	1.已婚夫妻		2.未婚情侶		3.男同志伴侶		4.女同志伴侶		F	P	scheffe
	平均數	標準差	平均數	標準差	平均數	標準差	平均數	標準差			
價值觀相似度	41.673	9.136	40.278	7.985	39.173	10.006	40.380	8.998	2.724	0.043	
自我揭露程度	22.719	8.509	26.636	6.898	28.141	8.697	30.212	7.035	40.029	0.000	1<2,3,4,2<4
衝突頻率	16.873	6.856	16.238	7.107	16.907	8.128	15.210	6.829	2.134	0.094	
信任度	54.821	10.726	55.564	8.846	56.327	10.247	59.349	8.963	7.777	0.000	4>1,2
愛	71.469	18.356	77.237	14.606	75.024	17.557	81.307	13.557	15.592	0.000	1<2,4
外在其他可能對象之吸引力	18.954	6.853	19.216	6.326	21.813	8.405	18.748	7.882	3.900	0.009	3>1,2,4
關係滿意度	19.459	3.393	19.535	3.043	20.470	2.778	20.706	3.180	7.267	0.000	4>1,2

（二）影響伴侶關係滿意度的多元回歸分析

在影響伴侶關係滿意度的多元回歸分析中可發現，價值觀相似度、自我揭露程度與信任度愈高，伴侶關係滿意度愈高；衝突頻率與外在其他可能對象之吸引力愈高，伴侶關係滿意度愈低。此外，生理性別與伴侶關係型態確實對於關係滿意度均產生顯著性的影響力（如表三所示）。

（三）比較已婚夫妻、未婚情侶與男、女同志不同伴侶關係型態的多元回歸分析

有鑑於伴侶關係型態對於關係滿意度有顯著的影響，筆者進而將受訪對象區分異性戀已婚夫妻、未婚情侶、男同志與女同志四種不同伴侶型態，對於關係滿意度進行多元回歸分析比較。如表四所示，我們可以看出已婚夫妻伴隨著年齡增長、自我揭露、彼此信任與愛的投入程度愈高、衝突頻率愈低，關係滿意度也會隨之愈高。未婚情侶性別、年齡、自我揭露程度、愛情投入程度的影響力明顯降低許多，重要的是價值觀相似度、衝突頻率、信任與其他外在的吸引力。然而，在同志伴侶關係經營的部分，有鑑於關係經營是由同一生理性別所組成，角色扮演亦較異性戀者更極具流動性，因此，多元回歸分析中排除了性別變項。其結果發現對女同志伴侶關係滿意度的預測力而言，相較於男同志，顯得與異性戀者較為相似，尤其以信任度的影響力為最高，其次為自我揭露與價值觀相似度。整體而言，無論是異性戀或是同志伴侶在關係滿意度的多元回歸分析當中，均顯示強調伴侶關係

互動層面的重要性。

表三、影響伴侶關係滿意度的多元回歸分析

變項	B	Std. Error	Beta	Zero order correlation
性別（1為男性）	0.383	0.163	0.060*	0.053
伴侶關係型態1（1為異性戀夫妻）	-0.045	0.249	-0.007	-0.073
伴侶關係型態2（1為同志伴侶）	0.624	0.215	0.080**	0.148
年齡	0.021	0.012	0.065	-0.009
教育程度	0.010	0.077	0.004	0.094
收入	- 0.000	0.000	-0.004	0.080
價值觀相似度	0.047	0.011	0.128***	0.459
自我揭露程度	0.054	0.012	0.138***	0.381
衝突頻率	- 0.088	0.013	-0.194***	-0.454
信任度	0.105	0.010	0.322***	0.566
愛	0.010	0.006	0.053	0.444
外在其他可能對象之吸引力	- 0.034	0.012	-0.074**	-0.308
Constant	10.901	0.928	***	
R^2	0.443***			
AdjustedR^2	0.436			

P＜.05表示＊，P＜.01表示＊＊，P＜.001表示＊＊＊。

表四、不同型態伴侶關係滿意度的多元回歸分析

變項	異性戀夫妻				未婚情侶				男同志伴侶				女同志伴侶			
	B	Std. Error	Beta	Zero order correlation	B	Std. Error	Beta	Zero order correlation	B	Std. Error	Beta	Zero order correlation	B	Std. Error	Beta	Zero order correlation
性別（1為男性）	0.039	0.294	0.006	0.070	0.551	0.243	0.091*	0.136								
年齡	0.034	0.015	0.096*	0.022	-0.051	0.038	-0.067	0.010	0.087	0.044	0.213	0.317	-0.019	0.039	-0.037	0.029
教育程度	0.005	0.107	0.002	0.088	0.155	0.147	0.042	0.003	0.116	0.328	0.034	0.090	-0.055	0.274	-0.012	0.134
收入	0.000	0.000	0.007	0.125	0.000	0.000	0.056	0.043	-0.000	0.000	-0.093	0.136	0.000	0.000	0.008	0.100
價值觀相似度	0.008	0.020	0.023	0.457	0.068	0.018	0.179***	0.460	0.066	0.034	0.236	0.525	0.064	0.029	0.182*	0.531
自我揭露程度	0.070	0.020	0.176**	0.396	0.026	0.019	0.059	0.255	0.029	0.038	0.090	0.437	0.100	0.033	0.222**	0.519
衝突頻率	-0.126	0.023	-0.255***	-0.475	-0.059	0.019	-0.138**	-0.406	-0.083	0.043	-0.243	-0.535	-0.069	0.035	-0.147	-0.489
信任度	0.100	0.016	0.319***	0.569	0.121	0.016	0.353***	0.553	0.025	0.035	0.093	0.423	0.128	0.026	0.362***	0.610
愛	0.022	0.011	0.117*	0.491	-0.004	0.010	-0.020	0.361	0.028	0.023	0.174	0.448	0.020	0.018	0.085	0.474
外在其他可能對象之吸引力	-0.012	0.022	-0.025	-0.280	-0.095	0.021	-0.198***	-0.379	0.015	0.036	0.044	-0.299	0.002	0.029	0.006	-0.301
Constant	11.350	1.499	***		12.594	1.662	***		11.619	3.436	**		7.629	2.736	**	
R^2	0.450***				0.431***				0.455***				0.541***			
AdjustedR²	0.435				0.416				0.380				0.510			

P＜.05表示*，P＜.01表示**，P＜.001表示***。

至於在男同志伴侶關係滿意度的部分，雖然在標準化回歸係數呈現無顯著的影響力，但值得注意的是，若我們進一步相互對照零階相關（Zero order correlation）時，則可發現年齡、價值觀相似度、自我揭露、信任、愛與關係滿意度呈中度正相關，衝突頻率、其他外在的吸引力與關係滿意度呈負相關。此外，在未婚情侶的愛情投入程度，以及男、女同志其他外在的吸引力的部分，其標準化回歸係數與其依變項的零階相關出現正負號不一致的情形。此一現象表示該變項為壓抑變項，並非意指未婚情侶愛的投入程度愈少，關係滿意度愈高。男同志伴侶外在其他可能對象之吸引力愈高，關係滿意度愈高。對此，筆者認為研究結果宜應相互對照零階相關，方能讓此一研究結果的解釋更為完整。

五、研究結果

綜合上述分析結果可以發現，無論是已婚夫妻、未婚情侶或是同志伴侶，其價值觀相似度、自我揭露、信任與愛的投入程度愈高，衝突頻率與外在其他可能對象之吸引力愈低，關係滿意度亦會隨之愈高。此一結果與過去Kurdek（1995a, 1998）對於西方社會的研究結果相似，認為異性戀與同志伴侶在關係的維持上，大部分以相同的模式在運作著，且同志伴侶關係滿意度更勝於異性戀伴侶。此結果一改我們過去對於同志伴侶關係經營想像，以為同志伴侶無法獲得美滿的伴侶關係，是可憐的、躲在陰暗角落裏的生活方

式，過著憤世嫉俗的生活。對於此一研究發現，不僅可以拓寬我們對於同志伴侶關係經營的認識，亦具有教育社會大眾的價值。

至於在不同關係型態的交互比較上，研究結果發現女同志伴侶較異性戀女性或其他伴侶關係，更為重視伴侶關係的自我揭露、信任、愛與滿意程度。對於此一研究結果，筆者認為可能因素有二：一方面，誠如Peplau（1981）所說的女性比男性更重視情感的表達，而女同志伴侶關係的經營又是由兩個女性所組成，因此，更為重視其伴侶關係經營；二方面，對於女同志伴侶關係經營而言，或許是因為擔心伴侶承接父權社會的影響，受到委屈，因而女同志比男同志和異性戀者更在意伴侶關係兩人平等與否（Kurdek, 1995a, 1995b, 1998, 2003），進而對於伴侶關係經營評價較為正面。

此外，本章在異性戀與同志伴侶關係的討論中，還有另外一個重點在於「婚姻關係界線的劃分」。對於異性戀伴侶關係的經營而言，在本文當中討論的重點在於婚前與婚後的比較，其研究結果發現，已婚夫妻較未婚情侶伴隨著年齡增長、自我揭露、彼此愛的投入程度，關係滿意度也會隨之愈高。而未婚情侶較為強調性別上的差異，且較為重視價值觀相似度。對此一現象的差異，筆者認為：這當中或許是受到婚姻中家庭生命週期的影響，意即伴隨著子女出生、就學、成家而有差異，或是根本上世代的差異。然而，在同志伴侶關係經營的分析層面，亦由於交往的對象同一性別的緣故，其所呈現的伴侶關係既非一男一女的夫妻關係、亦未能達成

生兒育女、繁衍子嗣以延續宗族命脈的目的；加上缺乏法律的外部強制性規範，沒有婚前與婚後的明顯界線。是故，本章在分析討論中僅能進行概括式的討論，突顯出同志純粹的伴侶關係經營。

在進行完同志伴侶關係經營的質性訪談整理與量化資料分析比較後，儘管仍有許多伴侶關係經營的議題，我們沒有辦法一一地去進行討論，但筆者仍於最後一章從自身有限的觀察，以及投入同志伴侶諮商輔導工作的個案經驗，針對建立相互信任的諮商關係、伴侶關係經營、角色扮演與性別差異三方面，對於同志伴侶諮商輔導實務工作提出具體的建議，與大家一起分享。

第八章

同志伴侶諮商輔導實務工作的省思與建議

有時爲了與同志案主共同對抗社會的污名化及刻板印象,充滿善意的諮商工作者會努力誇讚同志伴侶們是多麼堅強勇敢,或他們之間的關係是多麼美好。但是,這麼做反倒容易使案主們爲了保持形象,而不敢細述關係中嚴重的問題。

近10年來，伴隨著多元情慾的發展，親密關係的概念不但打破了傳統一夫一妻的社會規範，亦鬆動原本對於兩性交往方式，跨出原有的框架，延展出多樣化的面貌，益發彰顯出國內男男、女女同志族群日漸勇於表現自身的情感需求。在這同時，同志伴侶諮商輔導也漸漸有它存在的必要性與迫切性，但放眼望去，只有極少數的諮商輔導工作者將「同志伴侶諮商」放在自己的專長輔導項目中，讓許多急於求助的同志朋友不知道該去哪裡可以找到友善並對同志議題有所認識的諮商實務工作者。Brown（1995）曾指出同志伴侶與異性戀者的不同之處在於其親密關係的經營必須面對不能接受他／她們的文化環境；然而，這些文化上的偏見與歧視，易促使伴侶關係形成內在的緊張與壓迫。Bepko 和 Johnson（2000）在文章中更進一步強調在從事同志伴侶諮商的實務工作時，必須對其親密關係中所處的外在環境需具有高度的敏感性，才能真正認識與處理伴侶關係的問題。

據此，本章欲進一步從筆者的田野訪談與諮商輔導實務工作的個案經驗出發，針對建立相互信任的諮商關係、伴侶關係經營、角色扮演與性別差異三方面探討同志伴侶諮商輔導實務工作，並提出以下幾點具體的建議。一方面希望幫助戀情中的同志伴侶本身、同志家人、同志朋友、以及一般社會大眾，對其男男、女女親密關係能有進一步的瞭解；另一方面期待提供諮商實務工作人員，對同志伴侶之親密關係的處境與適當的介入方式，有更多認識的平台與豐富的參考依據，得以創造賦權（empowered）效果的諮商關係，提高國

內同志伴侶諮商的服務品質。

一、建立相互信任的諮商關係

　　同志伴侶諮商輔導工作中，筆者認為諮商輔導工作者與個案信任關係的建立，取決於諮商輔導工作者個人對於同志伴侶關係的認識、自我覺察的程度，以及完全接納與尊重的態度，故而，以下按此三個層面進行分述：

（一）諮商輔導工作者的認識與瞭解

　　D'Ardenne（1999）曾指出從事同志伴侶諮商的關鍵不在於諮商師自己是不是同志，而是認識與態度的問題。在筆者自身的諮商輔導經驗中亦是如此，猶如過去剛開始進行訪問時所遇到的問題一樣，尤其是第一次會談時，「我們很好奇為什麼人家會轉介我們到妳這裡來？」、「妳看起來是一個異性戀者，妳究竟對同志的認識與瞭解有多少？」諮商輔導工作者經常需要面對案主的質疑與詢問，這時候若能確實對於同志議題有足夠了解，有助於未來雙方建立起相互信任的諮商關係。有鑑於此，筆者建議每位諮商輔導工作者應該對此一議題有所涉獵，主動地蒐集、閱讀相關的資訊，方能更加瞭解同志伴侶關係的社會處境，進而認識與同理他／她們進入諮商室所提出這些問題的疑慮為何。

（二）諮商輔導工作者的自我覺察

在從事諮商輔導工作時，除了必須對個案所處環境，以及伴侶雙方與重要他人的關係有相當的認識之外，反省自身、隨時持有高度的敏感性，檢視自己是否有恐同壓力的迷思，或帶著異性戀的有色眼光，並願意以誠實態度面對自己與個案，避免勉強或嘗試隱瞞自己的信念與道德價值判斷，亦極為重要。否則諮商輔導工作者在缺乏自我覺察的狀況下，可能導致彼此投射（project）社會的歧視與偏見，反而對案主造成傷害，進而產生伴侶關係的內在矛盾與衝突。

根據筆者自身的經驗，身邊就有幾位同志朋友表示曾經在接受諮商輔導的過程中感到很受傷。例如，諮商者不斷間接地詢問為何不試看看結交異性，或者暗示性傾向是有可能改變的，甚至質問難道不怕與同性伴侶在一起會傷了父母的心，這些經驗都令他們對於接受諮商輔導產生負面的印象。因此諮商輔導工作者若是在面對同志案主時感到勉強或有困難接受，寧可盡快轉介至可以提供相關服務的實務工作者處，也不要將自己的價值觀套在案主身上而做出不恰當的介入。

（三）完全接納與尊重的態度

至於諮商輔導工作者的態度，筆者認為重要的關鍵在於完全的接納，即保持著高度開放的心態去認識與尊重非異性戀伴侶關係。避免帶著異性戀的有色眼鏡去進行檢視，過度執著於「診斷」、「辨識」當事人到底是否為真正的「同志」，而暴露出助人工作者自己的同性戀恐懼症與異性戀中

心的偏見（heterosexist bias），方能進一步思考作為一個諮商師的態度如何讓同志朋友得以安心，得以更為開放、自由地與你／妳、我分享生命的經驗，進而提高諮商工作的服務品質。

除此之外，Brown（1995）也提醒熱心好意的諮商工作者，別將同志伴侶親密關係過度浪漫或理想化。有時為了與同志案主共同對抗社會的污名化及刻板印象，充滿善意的諮商工作者會以為必須努力誇讚同志伴侶們是多麼堅強勇敢，或他們之間的關係是多麼美好。但是，這反而容易導致案主們為了保持形象不敢細述關係中嚴重的問題。同志伴侶與異性戀伴侶在許多親密關係的議題上仍是極為相似的，且都有其強處與弱點，雖需了解同志伴侶必須面對與異性戀不同的家庭及社會處境，但亦無需用過於特殊的眼光或方式來看待及處遇其親密關係。綜觀上述，筆者認為諮商輔導工作者對於同志伴侶關係經營的認識與瞭解，以及自身更深層地自我覺察，同時檢視其對於同志伴侶關係的態度是諮商輔導關係中必須且重要的。

二、同志伴侶關係的經營

延續上述所提及同志伴侶諮商輔導工作必須關注於兩人關係的經營，對此，筆者嘗試從其關係經營的特殊處境與身份認同危機、擇偶的意涵、關係發展階段及其個人生命階段、不同世代生命歷程的異質性四個面向進行討論。

（一）關注同志伴侶關係經營的特殊處境與身份認同危機

根據筆者問卷調查的經驗顯示，「在一般聚會、聊天的場合，當有人問起您是否有伴侶時……」（如表一），可以看出對大多數男同志而言，較傾向表達自己目前有異性伴侶，或是盡量迴避相關的議題：但是，對女同志來說，則以表達自己目前沒有伴侶佔最多數，其次才是採取迴避策略，或是直接表達自己目前有同性伴侶。而在其他應對方式的部分，許多受訪者多表示會視情況而定。

表一、外界詢問伴侶關係的行動策略

變　項	男同志		女同志	
	百分比(%)	排序	百分比(%)	排序
盡量迴避相關的議題	25.3%	1	23.1%	2
表達自己目前沒有伴侶	22.7%	3	46.9%	1
表達自己目前有異性伴侶	25.3%	1	9.8%	5
表達自己目前有同性伴侶	24.0%	2	21.7%	3
表達自己目前有伴侶，但不強調性別	6.7%	5	7.7%	6
其他的應對方式	14.7%	4	21.7%	4

面對整個社會大環境的不友善，就像阿輝在訪談中所提及的：

「我有另外一個朋友他自己是同志，他堂弟也

是，可是他不敢去跟他堂弟關心，因為……他說
『萬一我的被爆出來～我更慘！』」

　　可以看出同志伴侶關係經營的特殊處境，即使是有血緣
關係的堂兄弟，在家族中仍然不敢輕易地洩漏自己的性傾
向，彼此交換意見，相互扶持與學習。若想要在一般聚會聊
天的場合，直接表達自己目前有同性伴侶，往往必須慎選對
象，呼應了問卷調查中的分析結果。

　　此外，在第四章〈女同志伴侶親密關係發展歷程之研究〉
所描繪亦可以進一步看出同志伴侶關係的建立，體現在異性
戀霸權的性別規範之中，從相識、相熟到交往，在看不見長
遠伴侶關係典範的情況下，只要其中有一方對其交往關係產
生不認同、或不確定時，不但使得其另一半暴露於與異性競
爭的關係當中，還得視其他同志為可能的情敵，增加了關係
經營的不穩定性，同時亦深化兩人衝突的可能性。筆者在同
志伴侶諮商經驗中，亦有個案發生類似的衝突情況，例如兩
人共同出席伴侶甲的朋友派對，但因為伴侶甲對於自己的伴
侶為同性別而說不出口，甚或仍有不確定且感到「矮人一
截」，因此未向朋友們出櫃，自然也就無法正式向朋友們正
式介紹陪他同去的伴侶，此一無法宣示、正名、介紹伴侶給
自己朋友認識的舉動亦讓他的伴侶非常難過且沒有安全感，
進而兩人大吵一架。看似是一場無理取鬧的衝突情境，但這
樣的情形在許多對同志伴侶身上都曾經發生過，尤其當其中
一方已經公開出櫃而另一方仍不敢出櫃或是對於自己的性傾

向認同仍有質疑的狀況下最爲嚴重。

在筆者問卷調查的經驗中，有關「當您跟您的伴侶一起出現在一般聚會的場合」議題（如表二所示）發現，大多數的男同志或是女同志均傾向以朋友關係來介紹自己的另外一半，其中又以女同志佔半數以上。對男同志來說，其次會以情人（男朋友／女朋友），以及家人關係來介紹自己的另外一半。在女同志的調查訪問中，當兩人一起出現在一般聚會的場合時，其次則是以室友、同學，以及情人（男朋友／女朋友）關係來介紹自己的另外一半。可以看出男同志較女同志容易以家人的身份介紹自己的另外一半；至於其他的部分，大部分的受訪者表示會依場合、對象，視情況而定，或是以乾哥哥、乾妹妹相稱，甚至也有受訪者表示兩人會盡量不會同時出現在一般聚會的場合。

表二、介紹自己的另外一半

變　　項	男同志		女同志	
	百分比（%）	排序	百分比（%）	排序
朋友	37.3%	1	52.8%	1
同事	5.3%	7	2.8%	7
同學	9.3%	6	18.3%	3
室友	10.7%	5	19.7%	2
家人	18.7%	3	4.2%	6
情人（男朋友＼女朋友）	25.3%	2	17.6%	4
其他	14.7%	4	7.0%	5

為何亟需迴避相關的議題，無法大方地向身邊的親友介紹自己的伴侶？此一議題反應出此一議題的重要性。對此，筆者認為在同志伴侶的諮商輔導工作上，應注意以下兩個面向：

1. 宜應關注這些源自於社會文化的歧視與偏見，是否致使同志朋友長期以來背負著罪惡感與矛盾，甚至在關係的經營中，將這樣的內在矛盾與批判投射在伴侶身上。進一步澄清傳統價值觀念與原生家庭經驗對於個人與關係的影響，檢視伴侶雙方在面對關係經營的挑戰時，否能取得一致性的共識，避免在關係經營的行動策略中，當有一方因其「男婚女嫁」、「不孝有三，無後為大」的壓力，而採取以地理作為區隔、單身作為訴求的因應策略時，另一方則汲汲營營期待可以認識對方的親朋好友，試圖建立其支持網絡，極易造成伴侶關係的衝突點。

2. 必須檢視兩人在關係中的實質互動，究竟是如何地看待自己的價值與同志伴侶關係的身份認同，是否對於這段感情保持著堅定的信念。許多同志在從小被社會化的過程中深深被異性戀價值觀所影響，以致對於自身喜歡同性的慾望感到恐懼甚或自我憎恨，此種內化的恐同情結造成自我接納與身分認同上的困難與痛苦，有時會不小心陷入其中一方成為加害者或是受害者角色的迷失，進而將問題歸咎於任何一方，認為「都是因為我……，所以才會……」、「我不值得被

愛」、「所有人都不瞭解我」、「因為我是同志,所以,我⋯⋯」、「他的家人不認同,我應該⋯⋯」、「都是因為他,所以⋯⋯」,為自己、也為伴侶帶來極大的傷害。

(二)重新檢視同志擇偶的意涵

　　擇偶─進入婚姻─建立家庭,此一線性序列所發展出婚姻與家庭的圖像,礙於同志婚姻未能合法化,往往成為同志伴侶渴望而不可得的目標。對此,筆者認為諮商輔導工作不可忽略個案自身生命經驗與其社會處境所衝撞出的火花,以及華人社會「以關係來界定身份,以角色來界定自己期待」強調「名分」的觀念。因此,進一步建議諮商輔導工作者宜協助同志關注自身對於伴侶選擇的意涵,釐清其擇偶行為是否落入在伴侶身上尋求認同與安全感,以避免對愛情持有玫瑰色眼鏡(rose-colored glasses)的憧憬,忘記自己的看法與反映可能並非真實。此外,亦能透過擇偶意涵的重新檢視,降低自身對於伴侶關係過具理想化的想像,方能協助其建立合理的角色期待。無論最後決定是否進入同志伴侶關係,或是選擇進入異性戀婚姻關係中,均得以為最後的決定負責。避免在其關係建立後,常礙於低度的社會性支持與分手困難度,而輕易地以分手來逃避或處理兩人關係經營的問題。

　　另一方面,猶如受訪者Andrew所說的:

　　　　「在同志這樣一個身分底下,你要找到一個跟

你能夠，分享很多事情的人，對，我覺得更不容易。」

　　為避免羅密歐與茱麗葉效應（Romeo - Juliet effect），為了反抗而反抗，進而加深兩人誓死同心的決心，強化彼此關係間的連結與吸引力，造成日後關係經營的盲點，以為能在龐大的社會壓力中尋找到愛情，就可以解決目前的各種問題。筆者就曾經有同志學生因為家人對其同志伴侶的拒絕與不認同，憤而離家出走與伴侶同居，以為從此兩人可以經營一個無人可拆散的甜蜜情感，即使後來關係面臨極大的問題仍不願面對對方或許並非可共渡一生的最佳伴侶，以致陷入痛苦憂鬱之中。因此，筆者建議在同志伴侶的諮商輔導工作上，諮商輔導工作者（1）應協助同志伴侶檢視雙方對於彼此的認識，澄清彼此對於關係是否有不實際的角色期待，或是有為了向外界證明而兩人非要永遠在一起的糾葛情結；（2）除了關注兩人純粹的伴侶關係之外，亦必須關注其親密關係經營所必須面對的社會壓力，以及彼此與重要他人的關係（Berger, 1990），即協助伴侶與雙方家人建立較佳的互動關係，對其親密關係亦有正向的影響。筆者於實務工作的經驗中發現，案主無論出櫃與否，當他與家人的關係良好，其在親密關係的經營上亦較為順利。若又能獲得家人的認同與支持，對其維持一段穩定的親密關係更是極大的助力。

（三）關注同志伴侶關係的發展階段及其個人生命階段

Slater（1995）曾表示，女同志如同異性戀伴侶關係的經營一般，伴隨著年齡的增長，每個人均必須面對生理老化與死亡的問題。在訪談中筆者亦發現，同志伴侶關係的經營與發展，伴隨著個人生命週期的不同，交往時間的增加，在不同的階段，亦會出現不同的需求與挑戰，相似於異性戀伴侶關係的發展與改變。就像受訪者瑩所說的：「當我年輕的時候22歲，大學剛畢業，我覺得我還有很多選擇啊！……還有其他的發展性、其他的可能，」尤其是當你找到一份適合的工作之後，「可能整個心力會擺在事業的衝刺……不會把關係看的那麼重要。」然而，到了30歲左右，對一些女同志來說，亦會面臨自己生命歷程的另一個重要抉擇，「她真的有在想這件事情，想說她要不要去結婚、生小孩。」（小樹）一直到過了30歲以後，「那就不一樣啊！工作也蠻穩定啊！關係就變很重要。」（瑩）這時候兩個人住在一起，開始會考慮購屋、置產、領養小孩等；對於一些男同志而言，這個時候可能會面臨家人逼婚的困境，必須面對是否要跟家人出櫃或是選擇異性戀婚姻來隱藏自己與同性伴侶間的親密關係；到了50、60歲以後，則開始會面臨退休與死亡，考慮保險、遺產等相關問題，此時兩人的伴侶關係也即將進入了人生的另外一個階段。

根據筆者的諮商輔導實務工作中亦有相同的經驗，即發現當兩人處於不同的生命階段時，例如其中一人尚在讀書，還很渴望參加派對、半夜出去看星星促膝長談的浪漫學生生

涯，但另一人已經進入工作場域開始衝刺自己的事業，當生命中的優先順序變得不同且壓力也較大的情形下，兩人常會因互相覺得對方不愛自己或不體諒自己而產生衝突。對此，筆者建議在同志伴侶的諮商輔導工作上，諮商輔導工作者可協助個案考量其個人生命週期與伴侶關係的發展階段，進而釐清彼此雙方面對不同生命階段的因應方式，才能深入瞭解其伴侶關係所面臨的挑戰，評估因應之道。

（四）不同世代生命歷程的異質性

　　有鑑於同志伴侶關係建立的管道伴隨著整體社會風氣的變異而有所不同。筆者認為同志伴侶的諮商輔導實務工作者宜應關注不同世代生命歷程的異質性，避免一概而論。誠如本書第二章〈同志尋找伴侶管道的轉變〉可以看出過去80年代台灣社會風氣的閉鎖，並不鼓勵個別、獨特性的生活風格與慾望形式，加上同志沒有可以參考學習的典範，對其伴侶關係的追求與想像，不免以異性戀者作為重要的參考指標。然而，伴隨著社會風氣的逐步開放，在90年代的今日，有愈來愈多的同志伴侶願意公開現身，分享自身的經驗（曾秀雲等人，2008）；再加上，2000年以後尋找伴侶管道日益呈現多元化與分眾化的現象，與愛在心裡口難開、有苦說不出（或是不知如何訴說、不知要向誰訴說）的80年代情慾發展大相逕庭，減少了將同志伴侶貼上「憂鬱」、「躁鬱」、「孤僻」、「反社會」……等等不同類型的標籤，並開始有「同理」、「支持」的專業諮商輔導工作。

而Giele和Elder（1998）亦提醒我們，不同的世代、不同的生活環境對於不同個體生命歷程產生不同的銘印效用。因此，筆者建議諮商輔導工作者面對不同年齡層的案主，除了通則性地協助案主接納自己、重新尋求自我的定位之外，宜應將個案應視為有能力，且是自己經驗最好的專家，進一步陪伴個案共同關注並療癒於其因不同世代生命歷程所經歷到在擇偶時的困境與可能的創傷。換言之，在不同的時空背景底下，不同世代的生命歷程與承載社會道德壓力內化程度亦有所差異，透過敘說己身之經驗進而看到自己的韌力與勇氣，並進一步整合身邊的資源與其社群網絡，相信自己有其主體能動性（agency），且有能力走出屬於自己親密關係的經營腳本。

三、角色扮演與性別差異

在社會化的過程中，我們對於性別的認識與瞭解對於我們日常生活中的角色扮演有著極為重要的影響，即在此一性別社會化的過程中，我們認識自己是一個男生或是一個女生，並被形塑對於男生與女生的概念，被教導如何扮演一個男生或一個女生的角色，進而成為一個好先生或好太太、好爸爸或好媽媽。但是，對於同志伴侶關係的經營而言，是兩個男生或兩個女生、兩個先生或兩個太太、兩個爸爸或兩個媽媽的伴侶組合，不同於一般一男一女的伴侶關係。那麼在諮商輔導實務工作層面，如何拓展對親密關係的界定，避免

將親密關係的經營等同於男與女的兩性交往，僵化伴侶關係的多元性，顯得極為重要。對此，筆者嘗試從性別與去性別化的角色扮演，以及男同志與女同志伴侶關係經營的特殊性三方面來進行討論。

（一）性別與去性別化的角色扮演

性別與去性別化的角色扮演議題對於同志伴侶諮商輔導工作很重要。那麼究竟同志擇偶偏好、關係經營與角色扮演是否複製著異性戀伴侶關係的建立？我想這或者是許多人在閱讀本書時想獲知的答案。根據筆者自身的訪談與諮商輔導經驗，儘管有不少受訪者亟欲強調自身在伴侶選擇過程中「去性別化」的互動經驗，但筆者仍感到好奇究竟「性別化／去性別化」與「單一／多元」的擇偶偏好、關係經營與角色扮演，是否意味著性別化就是異性戀的框架、去性別化就是跨越了異性戀的框架？單一就是不好的，多元就是好的價值判斷？那麼作為一個諮商輔導工作者，是否要鼓勵案主以「去性別化」的擇偶與互動模式，進而經營「去性別化」的伴侶關係，避免落入複製異性戀的機制？

回到長期以來爭論不休社會性別角色的議題，筆者認為此一社會性別角色的多元論述，其實亦隱含著「去性別化」與「1配0」、「T配婆」辯證式情慾美學的張力。即便本書的受訪者在伴侶的選擇與關係經營上強調「中性化」與「去性別化」作為重要的考量因素，亟欲擺脫陽剛／陰柔性別氣質二元劃分的對立論點，以免落入、「強制異性戀」或「複

製異性戀」的框架中，但仍不可否認我們對於「中性」的認識始終來自於Ｔ／婆／不分、１／０／both、照顧者／非照顧者／不被分類的劃分，且此一分類標準亦是雙方互動的重要依據，反應出性別社會化的影響。且筆者在與同志伴侶案主的諮商過程中，亦驚覺所謂「去性別化」的角色扮演，並非同志伴侶關係經營的通則。對於部分同志伴侶而言，其關係中的角色扮演不但複製著傳統異性戀的性別角色，甚至展現出較今日一般異性戀伴侶更為父權主義的互動模式，此種情形尤其以女同志伴侶更為常見，或許是過度認同男性角色所致。例如其中陽剛面較強的一方要求其伴侶必須辭去工作，在家中負責所有家務並「每天乖乖等他回來」，幾乎他所有的要求對方都應該達成。

究竟性別社會化，還是去性別化是同志最佳的伴侶選擇、關係經營與角色扮演的互動模式？筆者認為諮商輔導工作者面對同志擇偶與伴侶關係經營的議題，應嘗試跳脫「陽剛／陰柔」＝「異性戀」＝「單一」、「固定」＝「傳統」，而「中性化」、「去性別化」＝「多元」、「彈性」＝「進步」的思維方式，擴張自身對於角色扮演的認識與彈性。也就是說，面對不同情慾對象，諮商輔導工作者宜應超越性別角色多元價值論述的思維，避免落入誰優誰劣、誰取代誰的陷阱之中，宜將討論認識的焦點轉移到在案主身上，關注於不同案主的個別狀況，從個人擇偶偏好、生活風格與價值觀等異質性的角度出發，幫助案主重新認識自己，鬆綁伴侶關係經營的性別角色，方能建立較為平等互重的互動模式。

（二）男同志伴侶的權力與競爭關係

Brown（1995）、Bepko 和 Johnson（2000）表示，男同志伴侶關係的經營礙於長期性別社會化的結果，總是教導著男孩如何成為一個男人或丈夫，必須要擔起養家活口的責任，較容易會出現傳統性別角色的偏見。與女同志伴侶相較之下，男同志伴侶相對地缺乏對於彼此的溫柔與體貼，同時亦使得伴侶雙方容易陷入一種權力的競爭關係中。誠如男同志伴侶 Eason 與 Ken 彼此對於兩人關係的形容一般：

> 「有時候我會看不慣他的什麼事情啊！……我為什麼要受他的影響啊！或受他的拘束啊！……我就喜歡這樣子穿，為什麼他偏偏要我這樣穿。」（Eason）
>
> 「在討論批評講某件事情的時候，兩個人的那個就會完全不一樣……我只是在這邊，難道我連我表達我意願的、那個想法的機會都不行嗎？」（Ken）

「為什麼我要受他的影響」、「我不能表達想法嗎？」、「我就是喜歡這樣」，雙方極力表達，似乎反應著男同志伴侶關係中兩個先生（或爸爸）的性別養成過程，雙方均欲負起男生要養家活口，不要成為需求很高或造成對方負擔的那一方，即你有你的專業，我也有我的品味，互不相讓，易陷入一種相互較勁與究竟誰當家的競爭關係中。即便在伴侶關係經營中，渴望對方的愛、關懷、溫柔、體貼、包容與呵護，

但是，現實與期待往往有著很大的落差。對此，筆者建議在男同志伴侶關係的諮商輔導工作中，應協助案主關注於性別社會化所造成的影響，所以不致對伴侶有不實際的期待，並能學習開拓較陰柔面的互動方式，讓雙方在關係中能夠獲得更多的滋養與滿足。

此外，Blumstein 和 Schwartz（1983）議題醒我們，男同志與女同志關係最大的不同主要在性行為的表現上。對此，受訪者 Eason 也曾表示：

> 「不會像女同志……一定要先寫信啊！或是一定要先網路啊！或是一定要先交往多久，對！才發生性關係，其實男同志對這種東西比較開放……我們其實也是在第一個晚上認識之後就有性關係。」

儘管本書第一章曾提到，本研究男同志受訪者對於性關係的態度大部分傾向一對一的伴侶關係，但亦有不少受訪者有如同 Eason 與 Ken 的交往經驗一般，其親密關係的建立主要是從性吸引開始，才逐漸發展友誼，進一步認識對方，與 Baugher（2000）研究相似。就其關係經營的過程，如何從性作為發展，又期待一對一的伴侶關係經營，筆者認為如何在性與愛的劃分當中，建立一個明顯可見的伴侶界限（boundary），即便是透過協議達成的多重伴侶關係，能仍讓外人知道我們是一對伴侶，顯得格外重要。對此，Brown（1995）亦提醒我們在男同志伴侶諮商輔導工作中，我們必

須小心地看待個案對於性的象徵意涵爲何；換言之，對於伴侶經營而言，一對一是「必然」的伴侶關係經營嗎？還是一夫一妻的性愛標準？其伴侶雙方對於性／愛／慾望的看法爲何？是諮商輔導工作者所必須注意的。

（三）女同志伴侶的高度依賴問題

　　本書第四章曾指出，女同志伴侶面對得來不易的愛情，關係經營的高度期待與彼此黏膩的依賴，會使得衝突產生擴大效果。加上認爲對方同爲女性，應該更清楚女性的感覺與需要，進而引發「爲什麼妳是女人，但妳卻也不懂女人」的疑慮。而Krestan和Bepko（1980）、Bepko和Johnson（2000）亦提醒我們，女同志黏膩的伴侶關係，雖使得兩個人的關係更爲緊密，但也容易因此造成關係的相互依賴，而無法獨立，不知道如何面對處理兩個人的衝突，是女同志伴侶諮商的一個主要的議題。在訪談過程中筆者亦有類似的發現，就像受訪者小敏所說的：「親密關係裡面又太侷限於就是兩個人。」在筆者自身的諮商輔導實務工作經驗中，亦看到不少前來求助的女同志伴侶，兩人可能因爲對於得來不易的情感有強烈的需求與不安全感，經常會產生一段時間就很沉溺在兩人的甜蜜愛情中，下一段時間則因感覺被控制或是認爲對方未將自己擺在第一優先順序而嚴重爭吵。尤其有部分女同志曾有被劈腿（或是前任的女友最後選擇了異性伴侶的被背叛經驗），導致在現在的親密關係中產生又愛又怕被傷害的內心糾葛，顯現出過於輕言分手或是控制慾過強的表現而令

其伴侶無所適從。可以看出女同志伴侶關係中，兩人過於相互依賴的連結，易使伴侶關係少了彼此緩衝的空間與時間，也因為同志伴侶關係外在的約束力較弱，易造成伴侶內在的不安全感與矛盾。因此，筆者建議在女同志伴侶關係的諮商輔導工作過程中，應特別澄清彼此對於親密關係的想像與期待，探索其心中可能存在對於失去伴侶的恐懼及其所衍生的問題，並協助兩人建立良好的問題解決溝通模式，以免一旦關係遇到瓶頸，不知道如何處理衝突，最終只能以痛苦分手收場。

　　總結上述對於同志伴侶諮商輔導工作所提出的十點建議，我們如何在諮商室裡進一步創造賦權效果的諮商關係呢？如本書第七章所述，可以看出在關係滿意度及其相關因素上，已婚夫妻、未婚情侶或是同志伴侶顯得極為相似，且在自我揭露程度、信任度與關係滿意度上，同志伴侶均高於已婚夫妻與未婚情侶。筆者同意Berger（1990）的說法，認為在親密關係的經營上可以截長補短、相互學習，例如：異性戀者可以學習同志伴侶對於彼此的關係經營，同志伴侶亦無須排斥異性戀在關係經營中的傳統規範。因此，筆者建議從事諮商輔導實務工作者，宜跳脫傳統的文化腳本，保持著開放的心態，方能對於異性戀伴侶，或是未被異性戀體制法律所保障的伴侶給予最為有利且合宜的協助。

　　此外，郭麗安和蕭珺予（2002）亦曾經指出，健康的同志伴侶關係猶如健康的異性戀夫妻一般，必須相互承諾、尊重、分享彼此的感受，相互成長，以及具備有解決衝突的能

力。在本書第六章〈同志伴侶親密關係承諾維持之初探性研究〉也有相同的發現，認為同志伴侶關係的承諾維持，除了考量現實的社會壓力與否、其他外在的選擇性之外；其伴侶關係則更為關注於雙方本身在親密關係中的經驗，包括伴侶關係的滿意度與情感的投入程度，雙方以愛相對，彰顯出同志伴侶關係的純粹性（Giddens，陳永國、汪民安譯，2001）。因此，筆者建議諮商輔導工作者在關係的經營中，應協助同志伴侶關注其伴侶關係承諾維持的意涵，並積極地去增能與賦權案主，使案主不致一味只將焦點放在所面對的壓力與問題上，而對自己所擁有的現有資源與能力有所覺察，進而獲得個人動能（personal agency）與賦權，得以重新看待個人與伴侶關係本身所具有的優勢，進一步發掘潛藏能力與資源，提升衝突解決的能力，創造賦權效果的諮商關係。

【附錄】
參考書目

●中文論文與書籍

丁凡譯（2005）。《同志伴侶諮商》。台北：心靈工坊出版社。Greenan, D. E., & Tunnell, G. (2003). *Couple therapy with gay men.*

孔守謙（2000）。《說你，說我，說我們同性戀的故事：一個同志相互敘說團體的嘗試》。輔仁大學應用心理研究所碩士論文，未出版，台北。

孔祥明（1999）。〈婆媳過招為哪樁？：婆婆、媳婦與兒子（丈夫）三角關係的探討〉。《應用心理研究》，4，57-96。

王家豪（2002）。《娘娘腔男同性戀者的社會處境及其自我認同》。世新大學社會發展研究所碩士論文，未出版，台北。

王雅各（1999）。〈同志平權運動〉。載於王雅各（主編），《性屬關係》（下冊）（227-258頁）。台北：心理出版社。

王慶福、林幸臺、張德榮（1996）。〈愛情關係發展與適應之評？工具編製〉。《測驗？刊》，43，227-240。

台大女同性戀文化研究社（1995）。《我們是女同性戀》。台北：碩人出版社。

台灣同志諮詢熱線協會（2003）。《親愛的爸媽，我是同志》。台北：心靈工坊。

台灣性別人權協會（2007）。《靠近同志，戀上臺北城：2007認識同志手冊》。台北：台北市政府民政局。

伊慶春（1991）。〈台北地區婚姻調適的一些初步研究發現〉。《國家科學委員會研究彙刊：人文及社會》，1（2），151-173。

伊慶春、熊瑞梅（1994）。〈擇偶過程之社會網絡與婚姻關係：介紹人、婚姻配對、和婚姻滿意度之分析〉。載於伊慶春（主編），《台灣社會的民眾意向：社會科學的分析》（135-177頁）。台北：中央研究院中山人文社會科學研究。

伊慶春、楊文山、蔡瑤玲（1992）。〈夫妻衝突處理模式的影響因素：丈夫、妻子和夫妻配對樣本的比較〉。《中國社會學刊》，16，25-54。

朱偉誠（2000）。〈台灣同志運動／文化的後殖民思考：兼論「現身」問題〉。載於何春蕤（主編），《從酷兒空間到教育空間》（1-25頁）。台北：麥田出版社。

江宜倩（2001）。〈未婚男性婚姻觀之研究〉。《復中學報》，1，49-75。

利翠珊（1995）。〈夫妻互動歷程之探討：以台北地區年輕夫妻為例的一項初探性研究〉。《本土心理學研究》，4，260-321。

利翠珊（2000）。〈婚姻親密情感的內含與測量〉。《中華心理衛生學刊》，12（4），29-51。

吳明燁、伊慶春（2003）。〈婚姻其實不只是婚姻：家庭因素對於婚姻滿意度的影響〉。

《人口學刊》，26，71-95。

吳昱廷（2000）。《同居伴侶家庭的生活與空間：異性戀VS男同性戀同居伴侶的比較分析》。台灣大學建築與城鄉研究所碩士論文，未出版，台北。

吳瑞元（1997）。〈正在創造的歷史：介紹臺灣現代同志情慾運動〉。《史匯》，2，103-107。

吳翠松（1998）。《報紙中的同志：十五年來同性戀議題報導的解析》。中國文化大學新聞研究所碩士論文，未出版，台北。

吳嘉瑜（1996）。〈衝突原因、處理方式對愛情關係的影響：以焦慮依附型大學生的爲例〉。《中華輔導學報》，4，119-171。

沈瓊桃（2002）。〈多面向婚姻滿意量表之編製〉。《中華心理衛生學刊》，15（3），67-100。

呂玉瑕（1983）。〈婦女就業與家庭角色、權力結構關係〉。《中研院民族所集刊》，56，111-143。

李良哲（1996）。〈大台北地區已婚者婚姻衝突因應行爲之年齡與性別差異研究〉。《教育與心理研究》，19，169-196。

李良哲（1997）。〈婚姻衝突因應行爲歷程模式之驗證研究〉。《政大學報》，74，53-94。

李忠翰（1998）。《我的愛人是男人：男同志成長故事》。台北：張老師文化出版社。

李怡眞、林以正（2006）。〈愛情關係中的情緒表達衝突之縱貫研究〉。《中華心理學刊》，48（1），43-76。

汪成華（1995）。《黑色蕾絲：臺灣第一本女同性戀發展與現況書》。台北：號角出版社。

卓紋君（1998）。〈當今心理學界對愛情的研究與方向〉。《中華心理衛生學刊》，11（3），87-107。

卓紋君（2000a）。〈從兩性關係發展模式談兩性親密關係的分與合〉（上）。《諮商與輔導》，174，25-29。

卓紋君（2000b）。〈台灣人愛情發展的歷程初探兼論兩性輔導之重點〉。《諮商輔導文粹》，5，1-30。

卓紋君（2000c）。〈從兩性關係發展模式談兩性親密關係的分與合〉（下）。《諮商與輔導》，175，19-23。

周倩漪（1997）。〈決地關係、終極運動：同志伴侶經驗、主體建構與運動思維〉。《騷動》，3，38-42。

林志清（2007）。《男伴男行：男同志伴侶生活經驗之探究》。國立高雄師範大學輔導與諮商研究所碩士論文，未出版，高雄。

林語堂（1989）。《吾國與吾民》。台北：輔新。

林賢修（1997）。《看見同性戀》。台北：開心陽光出版社。

社團法人台灣同志諮詢熱線協會（2004）。《認識同志2004手冊》。台北：社團法人台灣同志諮詢熱線協會。

洪雅琴（2000）。〈女同性戀者生命故事敘說研究〉。載於何春蕤（主編），《性／別政治與主體形構》（187-231頁）。台北：麥田出版社。

施慧玲（2001）。《家庭、法律、福利國家：現代親屬法論文集》。台北：元照。

倪家珍（1997）。〈九〇年代同性戀論述與運動主體在台灣〉。載於何春蕤（主編），《性／別研究的新視野》（125-148頁）。台北：元尊文化出版社。

修慧蘭、孫頌賢（2003）。〈大學生愛情關係分手歷程之研究〉。《中華心理衛生學刊》，15（4），71-92。

唐先梅（1998）。〈從家庭發展觀點探討雙薪家庭兩性工作家事及休閒時間之分配〉。《社會文化學報》，6，75-112

夏曉鵑（2002）。《流離尋岸：資本國際化下的「外籍新娘」現象》。台北：台灣社會研究叢刊。

商予愷（2007）。《大學男同志伴侶親密關係之研究》。國立台中教育大學諮商與應用心理學系碩士論文，未出版，台中。

徐安琪（2005）。〈夫妻權力和婦女家庭地位的評價指標：反思與檢討〉。載於徐安琪（主編），《社會文化變遷中的性別研究》（頁211-233）。上海：上海社會科學院。

張妤玥、陸洛（2007）。〈愛情關係中對方衝突管理方式與自身關係滿意度之關連〉。《中華心理衛生學刊》，20（2），155-178。

張思嘉（2001a）。〈擇偶歷程與婚前關係的形成與發展〉。《中華心理衛生學刊》，14（4），1-29。

張思嘉（2001b）。〈婚姻早期的適應過程：新婚夫妻的質性研究〉。《本土心理學研究》，16，91-133。

張娟芬（1998）。〈姊妹「戲」牆：女同志運動學〉。《聯合文學》，14（12），137-141。

張娟芬（2001）。《愛的自由式：女同志故事書》。台北：時報文化出版。

張晉芬、李奕慧（2007）。〈「女人的家事」、「男人的家事」：家事分工性別化的持續與解釋〉。《人文及社會科學集刊》，19（2），203-229。

張晉芬、林芳玫（2003）。〈性別社會學〉。載於瞿海源、王振寰（主編），《社會學與台灣社會》（修正版）（191-213頁）。台北：巨流。

張歆祐（2006）。《男同志伴侶關係發展之研究》。國立彰化師大學輔導與諮商學系博士論文，未出版，彰化。

張榮富（2006）。〈年齡對擇偶年齡與身高偏好門檻的影響〉。《中華心理衛生學刊》，48（3），275-289。

張銘峰（2002）。《彩虹國度之情慾研究—以中年男同志為例》。國立高雄師範大學成人教育研究所碩士論文，未出版，高雄。

畢恆達（1998）。〈社會研究的研究者與倫理〉。載於嚴祥鸞（編），《危險與秘密：研究

倫理》（31-91頁）。台北：三民。

畢恆達（2003）。〈男同性戀與父母：現身的考量、策略、時機與後果〉。《女學學誌：婦女與性別研究》，15，1-36。

畢恆達（2005）。〈序：在那裡夜晚比白天閃亮〉。載於賴正哲（著），《去公司上班：新公園男同志情慾空間》（8-11頁）。台北：女書。

畢恆達、吳昱廷（2000）。〈男同志同居伴侶的住宅空間體驗：四個個案〉。《應用心理研究》，8，121-147。

莫藜藜（1997）。〈已婚男性家庭事務分工態度之研究〉。《東吳社會工作學報》，6，117-156。

莊景同（2000）。《超越政治正確的「女女」牽「拌」：從「女女」伴侶關係看生命掙扎與價值體現》。輔仁大學應用心理研究所碩士論文，未出版，台北。

莊慧秋（1991）。《中國人的同性戀》。台北：張老師出版社。

莊耀嘉（1992）。〈擇偶條件與性心理之性別差異：演化論的檢驗〉。《中華心理學刊》，44（1），75-93。

郭育吟（2003）。《探討長姑娘單身生涯經驗之認同歷程》。國立高雄師範大學性別教育研究所碩士論文，未出版，高雄。

郭麗安（1994）。〈同性戀者的諮商〉。《輔導季刊》，30（2），50-57。

郭麗安、蕭珺予（2002）。〈同志族群的伴侶諮商：婚姻諮商師臨床訓練的反省與思考〉。《中華心理衛生學刊》，15（3），101-124。

陳永國、汪民安譯（2001）。《親密關係的變革：現代社會中的性、愛與愛欲》。北京：社會科學文獻出版社。Giddens, A. (1992). *The transformation of intimacy: Sexuality, love and eroticism in modern societies.*

陳宜倩（2003年9月）。〈複數的「家」，多元的「愛」：與法律何干？〉。論文發表於：「意識・認同・實踐」2003年女性主義學術研討會。新竹：清華大學。

陳姝蓉、丁志音、蔡芸芳、熊秉荃（2004）。〈男同志感染者的親密關係：以情感層面為主的探討〉。《中華心理衛生學刊》，17（4），97-126。

陳飄庭（2004）。《她為什麼還沒嫁？：台灣當代熟齡女性未婚現象探究》。世新大學社會發展研究所碩士論文，未出版，台北。

陳策群、殷寶寧（2004年6月）。泳池：水，情慾流動的地景：以台北市青年公園泳池為例論男同性戀的空間再現與認同。畢恆達（主持人），性別、空間與法律。性別、媒體與文化研究學術研討會，台北：世新大學。

陳震齊（2006）。《娘同志在異性戀霸權下的自處與在霸權式陽剛下的認同選擇》。高雄醫學大學行為科學研究所碩士論文，未出版，高雄。

陳薇帆（2007）。《探討男同志次文化族群在不同認同階段的消費型態：以動機需求觀點》。台灣大學國際企業學研究所碩士論文，未出版，台北。

黃宗堅、葉光輝、謝雨生（2004）。〈夫妻關係中權力與情感的運作模式：以衝突因應策略爲例〉。《本土心理學研究》，21，3-48。

魚玄阿璣、鄭美里（1997）。〈幸福正在逼近：臺灣同性戀社會史的初步回顧〉。《聯合文學》，13（14），89-95。

董秀珠、楊連謙（2004）。〈丈夫經濟弱勢夫妻權力歷程的性別文化影響〉。《中華心理衛生學刊》，17（1），25-56。

彭懷眞（1987）。《同性戀者的愛與性》。台北：洞察出版社。

曾秀雲、林佳瑩、謝文宜（2008年4月）。彩虹世界的私人記憶：1996-2006年台灣同志家庭建立的媒體考察。謝文宜（主持人），2008兩岸政經文教學術研討會，台北：實踐大學。

游美惠（2003）。〈女性主義方法論〉。《兩性平等教育季刊》，23，112-114。

廖國寶（1998）。〈男大當婚：男同志的婚姻壓力〉。《性別與空間研究室通訊》，5，157-82。

熊敏君（2005）。《消費、認同與生活風格：解析健身俱樂部中的消費實踐與意涵》。世新大學傳播研究所碩士論文，未出版，台北。

楊靜利、李大正、陳寬政（2006）。〈台灣傳統婚配空間的變化與婚姻行爲之變遷〉。《人口學刊》，33，1-32。

趙淑珠（2003）。〈未婚單身女性生活經驗之研究：婚姻意義的反思〉。《教育心理學報》，34（2），221-246。

趙曉娟（2006）。《回首戀事浮沉：拉子愛情故事敘說研究》。淡江大學教育心理與諮商研究所碩士論文，未出版，台北。

劉安眞（2001）。《「女同志」性認同形成歷程與污名處理之分析研究》。國立彰化師範大學輔導與諮商系博士論文，未出版，台北。

劉安眞、程小蘋、劉淑慧（2002）。〈「我是雙性戀，但選擇做女同志！」：兩位非異性戀女性的性認同形成歷程〉。《中華輔導學報》，12，153-183。

劉安眞、程小蘋、劉淑慧（2005）。〈現身或隱藏：女同志的污名處理〉。載於謝臥龍（主編），《霓虹國度中同志的隱現與操演》（63-98頁）。台北：唐山出版社。

劉惠琴（1995）。〈感情衝突化解歷程的結構模式〉。《應用心理學報》，4，1-38。

劉惠琴（1999a）。〈從辯證的歷程觀點看夫妻權力衝突〉。《本土心理學研究》，11，153-202。

劉惠琴（1999b）。〈女性主義觀點看夫妻衝突與影響歷程〉。《婦女與兩性學刊》，10，41-77。

劉惠琴（2001）。〈大學生戀愛關係的維持歷程〉。《中華心理衛生學刊》，14（3），1-31。

劉達臨、魯龍光（2005）。《同性戀性史》。台北：柏室科技藝術股份公司。

熱愛編輯群（1999）。《絕地反攻：同志實用教戰手冊》。台北：熱愛。

潘皆成（2005）。《雙重衣櫃：已婚男同志的生命敘說》。高雄醫學大學性別研究所碩士論文，未出版，高雄。

蔡宜珊（2006）。《同「樣」的家庭生活：初探台灣女同性伴侶的家務分工》。東吳大學社會學系碩士班碩士論文，未出版，台北。

鄭美里（1997）。《女兒圈：台灣女同志的性別、家庭與圈內生活》。台北：女書文化出版社。

賴正哲（2005）。《去公司上班：新公園男同志的情慾空間》。台北：女書文化。

賴鈺麟（2003）。《認識同性戀手冊》。台北：台北市政府民政局。

蕭英玲、曾秀雲（2005 年 11 月）。台北市新婚夫妻的衝突反應。論文發表於：婚姻。「2005台灣社會學年會」台灣社會與社會學的反思學術研討會，台北：國立台北大學。

謝文宜（2005a）。〈從國內將婚伴侶的婚姻承諾談婚前教育〉。《諮商輔導學報》，13，39-58。

謝文宜（2005b）。〈台灣未婚男女婚前承諾之影響因素〉。《中華家政學刊》，38，109-132。

謝文宜（2006）。〈為什麼結婚：國內將婚伴侶婚姻承諾考量因素之探討〉，《中華輔導學報》，20，51-82。

謝文宜、曾秀雲（2005 年 11 月）。初探台灣異性戀與同志伴侶關係經營的差異性。陳信昭、蔣欣欣（主持人），社會變遷下的台灣家庭。2005心理治療與心理衛生年度聯合會，台北：台大醫學院。

謝文宜、蕭英玲、曾秀雲（2006 年 12 月）。台灣同志伴侶與已婚夫妻關係品質之比較研究。謝文宜（主持人），在不確定的年代，多元文化下信任關係的建立。2006心理治療與心理衛生年度聯合會。台北：台大集思會議中心。

魏慧美（2004）。〈同志污名化：同性戀刻板印象的分析〉。載於謝臥龍（主編），《霓紅國度中同志的隱現與操演》(1-37頁)。台北：唐山出版社。

蔡淑鈴（1994）。〈臺灣之婚姻配對模式〉。《人文及社會科學集刊》，6（2），335-371。

蔡詩薏、胡淑貞（2001）。〈社會人口特質、家庭生命週期與夫妻滿意度及其差異之研究：一個社區的初探性研究〉。《成功大學學報》，36，23-49。

簡文吟、伊慶春（2004）。〈共識與歧見：夫妻配對研究的重要性〉。《台灣社會學》，7，89-122。

簡家欣（1998）。〈90年代臺灣女同志的認同建構與運動集結：在刊物網路上形成的女同志新社群〉。《臺灣社會研究季刊》，30，63-115。

●中文報紙與網路資料

中央社（2003）。多倫多同性戀結婚比率高（2003年11月26日）。取自http://210.58.102.66/2003/11/26/218-1549212.htm

中國時報（2004/9/21）。男同志最哈游泳型男孩。中國時報，E1版。

內政部社會司（2004）。社會福利政策綱領。中華民國九十三年社政年報，取自：http://sowf.moi. gov.tw/17/93/index.htm

王汝聰（1996/8/19）。電話交友中心，男男自語。聯合報，7版。

朱淑娟（2005/3/28）。「我的女兒是T，怎麼辦？」：同志諮詢熱線，父母焦慮來電。聯合報，A5版。

李樹人（2007/10/13）。愛在紅樓：廣場、咖啡廳，朝聖景點。聯合晚報，3版。

邵冰如（1997/2/21）。市場需要，網路找同志，電腦送作堆。聯合晚報，4版。

邵冰如（1998/12/21）。同志健身房裸擁事件，探照燈下，玻璃圈無寧日。聯合晚報，5版。

許敏溶（2004/12/12）。研究顯示：女同志同居比例高、「性」趣低。自由時報。

袁世珮（1995/6/21）。同性戀打破沈默，向法律「求」婚。聯合報，17版。

梁玉芳（1995/6/30）。四成同性戀者盼與愛人結婚。聯合報，17版。

梁欣怡（2003/12/10）。同志怒吼 爭六大權益 要自由呼吸：世界人權日 同性戀者要求政府不能漠視歧視還給隱私、媒體、教育、工作、參政、公民權。民生報，A3版。

葉鳴朗、楊珮玲（1994/7/15）。同性戀者，爭取「結婚」權：祁家威向政府要答案，戶政司長說不合民法規定。聯合報，5版。

聯合報（1990/4/30）。年輕人小心：交友社變色，專搞同性交誼。聯合報，5版。

聯合晚報（1990/8/27）。亞洲同性戀大會，祈家威的報告（節錄）。聯合晚報，15版。

●英文參考書目

Asanti, Ta"Shia. (1999). Lesbians in Love: How do we define it? *Lesbian News, 24*(6), 22.

Baugher, S. L. (2000). Same sex relationships. *Journal of Family and Consumer Science, 92*, 38-39.

Bales, R., & Slater, P. (1955). Role differentiation in small decision-making groups. In T. Parsons & R. Bales (with J. Olds, M. Zelditch, Jr., & P. Slater) (Eds.) *Family socialization and interaction process* (pp. 259-306). Glencoe, IL: Free Press.

Beals, K. P., & Peplau, L. A. (2001). Social involvement, disclosure of sexual orientation, and the quality of lesbian relationships. *Psychology of Women Quarterly, 25*, 10-19.

Becker, G. S. (1973). A Theory of Marriage: Part I. *Journal of Political Economy, 81*, 813-846.

Becker, G. S. (1991). *A treatise on the family*. Cambridge, MA: Harvard University Press.

Bell, A., & Weinberg, M. (1978). *Homosexualities: a study of diversity among men & women*. New York: Simon and Schuster.

Bepko, C. & Johnson, T. (2000). Gay and lesbian couples in therapy: Perspectives for the contemporary family therapist. *Journal of Marital and Family Therapy, 26*(4), 409-419.

Berger, R. M. (1990). Men together: Understanding the gay couple. *Journal of Homosexuality, 19*(3), 31-49.

Blood, R. O. J., & Wolfe, D. M. (1960). *Husbands & Wives: The dynamics of married living.*

New York: Free Press.

Blumstein, P., & Schwartz, P. (1983). *American couples: Money, Work, Sex*. New York: William Morrow and Company.

Bohan, J. S. (1996). *Psychology and sexual orientation: Coming to terms*. New York: Routledge.

Buss, D. M. (1989). Sex differences in human mate preferences: Evolutionary hypotheses tested in 37 cultures. *Behavioral and Brain Sciences, 12*, 1-49.

Buss, D. M. (1998). Psychological sex differences: Origins through sexual selection. In B. M. Clinchy & J. K. Norem (Eds.), *The gender and psychology reader* (pp. 228-235). New York: New York University Press.

Buss, D. M., & Schmitt, D. P. (1993). Sexual strategies theory: An evolutionary perspective on human mating. *Psychological Review, 100*(2), 204-232.

Bryant, A. S., & Demian, R. (1994). Relationship characteristics of American gay and lesbian couples: Findings from a national survey. *Journal of Gay and Lesbian Social Services, 1*(2), 101-117.

Brown, L. S. (1995). Therapy with Same-Sex Couples: An Introduction. In N. S. Jacobson and A. S. Gurman (Eds.), *Clinical Handbook of Couple Therapy* (pp. 274-291). New York: The Guilford Press.

Christensen, A., & Heavey, C. L. (1990). Gender and social structure in demand/ withdraw pattern of marital conflict. *Journal of Personality and Social Psychology, 59*, 73-81.

Clunis, D. M., & Green, G. D. (1988). *Lesbian Couples*. Seattle, WA: Seal Press.

Cox, F. D. (1990). Human intimacy: Marriage, the family and its meaning（5th ed.）. St. Paul, MN：West.

D'Ardenne, P. (1999). The sexual and relationship needs of gay and lesbian people. *Sexual and Marital Therapy, 14*(1), 5-6.

D'Ercole, A. (1996). Postmodern ideas about gender and sexuality: The lesbian woman redundancy. *Psychoanalysis and Psychotherapy, 13*(2), 142-152.

Goldner, V. (1991). Toward a critical relational theory of Gender. *Psychoanalytic Dialogues, 1*, 249-272.

Downey, J. I., & Friedman, R. C. (1995). Internalized homophobia in lesbian relationships. *Journal of the American Academy of Psychoanalysis, 23*(3), 435-447.

Duffy, S. M., & Rusbult, C. E. (1986). Satisfaction and commitment in homosexual and heterosexual relationships. *Journal of Homosexuality, 12*(2), 1-23.

Elder, G. H. Jr., Johnson, M. K., & Crosnoe, R. (2004). The emergence and development of the life course theory. In J. T. Mortimer,& M. J. Shanahan (Eds.), *Handbook of the Life Course*(pp.3-19). New York, Springer.

Falbo, T., & Peplau, L. A. (1980). Power strategies in intimate relationships. *Journal of Personality and Social Psychology, 38*(4), 618 -628.

Foa, U. G., & Foa, E. B. (1974). *Societal structures of the mind*. Springfield, IL: Charles C. Thomas.

Foa, E. B., & Foa , U. G. (1980) Resource theory: Interpersonal behavior as exchange. In K. Gergen, M.S. Greenberg, and R.H. Willis (Eds.), *Social exchange: Advances in theory and research* (pp.77-94). N.Y.: Plenum Press.

Giele, J. Z., & Elder, G. H., Jr. (1998). *Methods of life course research: Qualitative and quantitative approaches*. Thousand Oaks, CA: Sage.

Gottman, J. M., & Krokoff, L. J. (1989). Marital interaction and satisfaction: A longitudinal view. *Journal of Consulting and Clinical Psychology, 57*(1), 47-52.

Gottman, J., Levenson, R., Gross, J., Frederickson, B., Mccoy, K., Rosenthal, L., Ruef, A., & Yoshimoto, D. (2003). Correlates of gay and lesbian couples' relationship satisfaction and relationship dissolution. *Journal of Homosexuality, 45*(1), 23-43.

Gottman, J., Levenson, R., Swanson, C., Swanson,K. R., Tyson, R., & Yoshimoto, D. (2003). Observing gay, lesbian and heterosexual couples' relationships: Mathematical modeling of conflict interaction. *Journal of Homosexuality, 45*(1), 65-91.

Green, R.-J., Betting, M., & Zacks, E. (1996).Are lesbian couples fused and gay male couples disengaged?: Questioning gender straightjackets. In J. Laird & R.- J., Green (Eds.), *Lesbian and gays in couples and family: A handbook for therapist* (pp.185-230). San Francisco: Jossey-Bass.

Hatala, M. N., & Prehodka, J. (1996). Content analysis of gay male and lesbian personal advertisements. *Psychological Reports, 78*, 371-374.

Hendrdick, S. S. (1988). A Generic Measure of Relationship Satisfaction. *Journal of Marriage and the Family, 50*(1), 93-98.

Hill, C. A. (1999). Fusion and conflict in lesbian relationships? Feminism & Psychology, 9(2), 179-185.

Hughes, R., & Hans, J. D. (2004). Understanding the effects of the internet on family Life. In M. Coleman, & L. Ganong (Eds.), *Handbook of contemporary families: Considering the past, contemplating the future* (pp. 506-520). Thousand Oaks, CA: Sage.

Hwang, K. K. (1978). The dynamic processes of coping with internal conflicts in a Chinese society. *Proceeding of the National Science Council, 2*, 198-208.

James, S. E., & Murphy, B. C. (1998). Gay and lesbian relationships in a changing social context. In C. J. Patterson & A. R. D'Augelli (Eds.), *Lesbian, gay, and bisexual identities in families: Psychological perspectives* (pp. 99-121). New York: Oxford University Press.

Jay, K., & Young, A. (1979). *The gay report: Lesbians and gay men speak out about sexual experiences and lifestyles*. New York: Summit Books.

Jordan, K. M., & Deluty, R. H. (2000). Social support, coming out, and relationship satisfaction in lesbian couples. *Journal of Lesbian Studies, 4*(1), 145-164.

Julien, D., Chartrand, E., Simard, M.-C., Bouthillier, D., & Begin, J. (2003). Conflict, social support, and relationship quality: An observational study of heterosexual, gay male, and lesbian couples' communication. *Journal of Family Psychology, 17*(3), 419-428.

Krestan, J., & Bepko, C. S. (1980). The problem of fusion in the lesbian relationship. *Family Process, 19*(2), 277-289.

Kurdek, L. A. (1988). Relationship quality of gay and lesbian cohabiting couples. *Journal of Homosexuality, 15* (3-4), 93-118.

Kurdek, L. A. (1991). Correlates of relationship satisfaction in cohabiting gay and lesbian couples: A. integration of contextual, investment, and problem-solving models. *Journal of Personality and Social Psychology, 61*(6), 910-922.

Kurdek, L. A. (1992a). Relationship stability and relationship satisfaction in cohabiting gay and lesbian couples: A prospective longitudinal test of the contextual and interdependence models. *Journal of Social and Personal Relationships, 9* (1), 125- 142.

Kurdek, L. A. (1992b). Conflict in gay and lesbian cohabiting couples. Paper presented at the meeting of the American Psychological Association, Washington, DC.

Kurdek, L. A. (1993). The allocation of household labor in gay, lesbian and heterosexual married couples. *Journal of Social Issues, 49*(3), 127-139.

Kurdek, L. A. (1994a). Conflict resolution styles in gay, lesbian, heterosexual nonparent, and heterosexual parent couples. *Journal of Marriage and the Family, 56,* 705-722.

Kurdek, L. A. (1994b). The nature and correlates of relationship quality in gay, lesbian and heterosexual cohabiting couples: A test of the individual difference, interdependence, and discrepancy models. In B. Greene & G. M. Herek (Eds.), *Lesbian and gay psychology: Theory, research, and clinical applications* (pp. 133-155). Newbury Park, CA: Sage Publications.

Kurdek, L. A. (1995a). Lesbian and gay couples. In A. R. D'Augelli, & C. J. Patterson (Eds.), *Lesbian, gay, and bisexual identities over the lifespan: Psychological perspectives* (pp. 243-261). New York: Oxford University Press.

Kurdek, L. A. (1995b). Developmental changes in relationship quality in gay and lesbian cohabiting couples. *Developmental Psychology, 31,* 86-94.

Kurdek, L. A. (1998). Relationship outcomes and their predictors：Longitudinal evidence from heterosexual married, gay cohabiting, and lesbian cohabiting couples. *Journal of Marriage and the Family, 60*(3), 553-568.

Kurdek, L. A. (2001). Differences between heterosexual-nonparent couples and gay, lesbian, and heterosexual parent couples. *Journal of Family Issues, 22,* 727-754.

Kurdek, L. A. (2003). Differences between gay and lesbian cohabiting couples. *Journal of Social and Personal Relationships, 20*(4), 411-436.

Kurdek, L. A. (2004a). Gay men and lesbians: The family context. In M. Coleman, & L. Ganong (Eds.), *Handbook of contemporary families: Considering the past, contemplating the future* (pp. 96－115). Thousand Oaks, CA: Sage.

Kurdek, L. A. (2004b). Are gay and lesbian cohabiting couples really different from heterosexual married couples? *Journal of Marriage and Family, 66*, 880-901.

Kurdek, L. A., & Schmitt, J. P. (1986a). Relationship quality of partners in heterosexual married, heterosexual cohabiting, and gay and lesbian relationships. *Journal of Personality and Social Psychology, 51*, 711-720.

Kurdek, L. A., & Schmitt, J. P. (1986b). Relationship quality of gay men in closed or open relationships. *Journal of Homosexuality, 12*(2), 85-99.

Larzelere, R. E. & Huston, T. L. (1980). The dyadic trust scale: Toward understanding interpersonal trust in close relationships. *Journal of Marriage and the Family, 42*, 595-604.

LaSala, M. C. (2000). Gay male couples: The importance of coming out to parents for gay male couples. *Journal of Homosexuality, 39*(2), 47-71.

Levinger, G. (1983). Development and change. In H. H. Kelley, E. Berscheid, A. Christensen, J. H. Harvey, T. L. Huston, G. Levinger, E. McClintock, L. A. Peplau, & D. R. Peterson (Eds.), *Close relationships* (pp. 315-359). New York: Freeman.

Levinger, G., & Snoek, J. D. (1972). *Attraction in relationships: A new look at interpersonal attraction.* New York: General Learning Press.

Lewis, R. A., (1972). A developmental framework for the analysis of premarital dyadic formation. *Family Process, 11*, 17-48.

Lewis, R. A. (1973a). A longitudinal test of a developmental framework for premarital dyadic formation. *Journal of Marriage and the Family, 35*(1), 16-25.

Lewis, R. A. (1973b). The dyadic formation inventory: An instrument for measuring heterosexual couple development. *International Journal of Sociology of the Family, 3*, 207-216.

Lewis, R. A., & Spanier, R. A. (1979). Theorizing about the quality and stability of marriage. In W. Burr, R. Hill, F. Nye & I. Reiss (Eds.), *Contemporary theories about the family* (Vol. 1, pp.268-294). New York: Free Press.

Lloyd, S. A., Cate, R. M., & Henton, J. M. (1984). Predicting premarital relationship stability: A methodological refinement. *Journal of Marriage and the Family, 46*(1), 71-75.

Lund, M. (1985). The development of investment and commitment scales for predicting continuity of personal relationships. *Journal of Social and Personal Relationships, 2*, 3-23.

McWhirter, D. P., & Mattison, A. M. (1984). *The male couple: How relationships develop.* Englewood Cliffs, N. J. Prentice-Hall.

【衣櫃裡的親密關係：台灣同志伴侶關係研究】

McWhirter, D. P., & Mattison, A. M. (1996). Male couples. In: R. P. Cabaj & T. S. Stein (Eds.), *Textbook of homosexuality and mental health* (pp.317-339). Washington, DC: American Psychiatric Press.

Metz, M. E., Rosser. B. R. S., & Strapko, N. (1994). Differences in conflict-resolution styles among heterosexual, gay, and lesbian couples. *Journal of Sex Research, 31*, 293－308.

Miller, L. C., Berg, J. H., & Archer, R. L. (1983). Openers: Individuals Who Elicit Intimate Self-Disclosure. *Journal of Personality and Social Psychology, 44*(6), 1234-1244.

Molm, L. D. (1988). The structure and use of power: A comparison of reward and punishment power. *Social Psychology Quarterly, 51*, 108-122.

Murphy, B. C. (1989). Lesbian couples and their parents: effects of perceived parental attitudes on the couple. *Journal of Counseling and Development, 68*, 46-51.

Nardi,P. M. (1992). Sex, Friendship and Gender roles Among Gay Men. In P. Nardi (Ed.). *Men's friendships* (pp. 173-185). Newbury Park, CA: Sage.

Nye, F. I. (1982). *Family relationships: Rewards and costs.* Beverley Hills, CA: Sage.

Ossana, S. M. (2000). Relationship and couples counseling. In R. M. Perez, K. A. DeBord, & K. J. Bieschke (Eds.), *Handbook of counseling and psychotherapy with lesbian, gay, and bisexual clients* (pp. 275-302). Washington, DC: American Psychological Association.

Patterson, C. J. (2000). Family relationships of lesbians and gay men. *Journal of Marriage and Family, 62*, 1052- 1069.

Peplau, L. A. (1981). What homosexuals want. *Psychology Today*, 28-34, 37-38.

Peplau, L. A. (1982). Research on homosexual couples: An overview. *Journal of Homosexuality, 8*(2), 3-8.

Peplau, L. A. (1991). Lesbian and gay relationships. In J. C. Gonsiorek & J. D. Weinrich (Eds.), *Homosexuality: Research implications for public policy* (pp. 177-196). Newbury Park, CA: Sage Publications.

Peplau, L. A., & Cochran, S. D. (1981). Value orientations in me intimate relationships of gay men. *Journal of Homosexuality, 6*(3), 1-19.

Peplau, L. A., & Cochran, S. D. (1990). A relational perspective on homosexuality. In D. P. McWhirter, S. A. Sanders, & J. M. Reinisch (Eds.), *Homosexuality / Heterosexuality: Concepts of sexual orientation* (pp. 321-349). New York: Oxford University Press.

Peplau, L. A., & Fingerhut, A. W. (2007). The close relationships of lesbians and gay men. *Annual Review of Psychology, 58*, 405-424.

Phua, V. C. (2007). Contesting and maintaining hegemonic masculinities: Gay Asian American men in mate selection. *Sex Roles, 57*, 909－918.

Rempel, J. K., Holmes, J. G., & Zanna, M. P. (1985). Trust in close relationship. *Journal of Personality and Social Psychology, 49*(1), 95-112.

Ross, M. W. (1980). Retrospective distortion in homosexual research. *Archives of Sexual Behavior, 9*(6), 523-531.

Rich, A. (1980). Compulsory heterosexuality and lesbian existence. *Signs: Journal of Women in Culture and Society, 5*(4), 631-660.

Rubin, Z. (1973). *Liking and loving: An invitation to social psychology*. New York: Holt, Rinehart & Winston, INC.

Rusbult, C. E. (1980). Commitment and satisfaction in romantic associations: A test of the investment model. *Journal of Experimental Social Psychology, 16*, 172－186.

Rusbult, C. E. (1983). A longitudinal test of the investment model: The development and deterioration of satisfaction and commitment in heterosexual involvements. *Journal of Personality and Social Psychology, 45*(1), 101－117.

Rusbult, C. E., Johnson. D. J., & Morrow, G. D. (1986). Predicting satisfaction and commitment in adult romantic involvement: An assessment of the generalizability of the investment model. *Social Psychology Quarterly, 49*, 81-89.

Rusbult, C. E., & Buunk, B. P. (1993). Commitment processes in close relationships: An interdependence analysis, *Journal of Social and Personal Relationships, 10*(2), 175-204.

Sabatelli, R. M., & Karen R. (2004). Variations in marriage over time: An ecological/ exchange perspective. In M. Coleman, & L. Ganong (Eds.), *Handbook of contemporary families: Considering the past, contemplating the future* (pp. 79-95). Thousand Oaks, CA: Sage.

Savin-Williams, R. (1996). Self-labeling and disclosure among lesbian, gay, and bisexual youths. In J. Laird & R. Green (Eds.), *Lesbians and gays in couples and families: A handbook for therapists* (pp. 153-182). San Francisco, CA: Jossey-Bass.

Schreurs, K. M. G. (1993). Sexuality in lesbian couples: The importance of gender. *Annual Review of Sex Research, 4*, 49-66.

Schneider, M. S. (1986). The relationships of cohabiting lesbian and heterosexual couples: A comparison. *Psychology of Women Quarterly, 10*, 234-239.

Schoenberg, R., Goldberg, R. S., & Shore, D. A. (1984). *Homosexuality and social work*. New York: Haworth Press.

Shieh, W. Y. (1990). *Couple relationship development among dating and married couples in Taiwan*. Unpublished paper.

Shieh, W. Y. (1994). *A model of premarital couple relationship commitment in Taiwan*. Unpublished paper.

Shieh, W. Y., & Hsiao, Y. L. (2006). Power structure, conflict resolution, and relationship satisfaction: Evidence from gay and lesbian partners in taiwan. Paper presented at the meeting of 2006 American Sociological Association: Great Divides: Transgressing Boundaries.

Slater, S., & Mencher, J. (1991). The lesbian family life cycle: A contextual approach. *American Journal of Orthopsychiatry, 61*(3), 372-382.

Slater, S. (1995). *The lesbian family life cycle*. New York: Free Press.

Smith R. B., & Brown R. A. (1997). The impact of social support in gay male couples. *Journal of Homosexuality, 33*(2), 39-61.

Stanley, S. M., & Markman, H. J. (1992). Assessing commitment in personal relationships. *Journal of Marriage and the Family, 54*(3), 595-608.

Sprecher, S. (1988). Investment model, equity, and social support determinants of relationship commitment. *Social Psychology Quarterly, 51*(4), 318-328.

Sprecher, S., & Felmlee, D. (1992). The influence of parents and friends on the quality and stability of romantic relationships: A three-wave longitudinal investigation. *Journal of Marriage and the Family, 54*, 888-900.

Surra, C. A. (1985). Courtship types: Variations in interdependence between partners and social networks. *Journal of Personality and Social Psychology, 49*, 357-375.

Tallman, I., & Hsiao, Y. L. (2004). Resources, cooperation and problem solving in early marriage. *Social Psychology Quarterly, 67*(2), 172-188.

Thibaut, J. W., & Kelley, H. (1959). *The social psychology of groups*. New York: John Wiley.

Weeks, J. (2000). *Making sexual history*. Cambridge: Polity Press.

Weston, K. (1991). *Families we choose: Lesbians, gays, kinship*. New York: Columbia University Press.

Wikipedia, the free encyclopedia.(2008). Same-sex marriage. Retrieved December 25, 2008 from http://en.wikipedia.org/wiki/Same-sex_marriage.

Vago, S. (1996). *Social Change* (3rd ed), Englewood Cliffs, NJ: Prentice-Hall.

Yi, C. C., & Yang, W. S. (1995). The perceived conflict and decision- making patterns among husbands and wives in Taiwan. *Family Formation & Dissolution: Perspectives from East and West*. Taipei, Sun Yat-Sen institute for social science and philosophy, Book Series, (36), 129-168.

衣櫃裡的親密關係

台灣同志伴侶關係研究

Studies on Gay & Lesbian Couple Relationships in Taiwan

作者：謝文宜（Wen-Yi-Shieh）

出版者—心靈工坊文化事業股份有限公司

發行人—王浩威　總編輯—王桂花

執行編輯—朱玉立　編輯協力—曾秀雲

封面設計—羅文岑　美術編輯—李宜芝

通訊地址—106台北市信義路四段53巷8號2樓

郵政劃撥—19546215　戶名—心靈工坊文化事業股份有限公司

電話—02）2702-9186　傳真—02）2702-9286

Email—service@psygarden.com.tw　網址—www.psygarden.com.tw

製版・印刷—中茂分色製版印刷事業股份有限公司

總經銷—大和書報圖書股份有限公司

電話—02）8990-2588　傳真—02）2290-1658

通訊地址—248新北市新莊區五工五路2號（五股工業區）

初版一刷—2009年4月　　初版四刷—2016年7月

ISBN－978-986-6782-558　定價—320元

國家圖書館出版品預行編目資料

衣櫃裡的親密關係：台灣同志伴侶關係研究

Studies on gay & lesbian couple relationship in Taiwan／謝文宜作； --初版.--臺北市
：心靈工坊文化, 2009.04 面； 公分. （Master ： 035）

ISBN－978-986-6782-55-8(平裝)

1. 同性戀　2. 臺灣

544.75　　　　　　　　　　　　　　　　　　　　　　　　　98005755

心靈工坊 **PsyGarden** **書香家族 讀友卡**

感謝您購買心靈工坊的叢書，爲了加強對您的服務，請您詳填本卡，
直接投入郵筒（免貼郵票）或傳眞，我們會珍視您的意見，
並提供您最新的活動訊息，共同以書會友，追求身心靈的創意與成長。

書系編號—MA035　　　　　**書名—衣櫃裡的親密關係：台灣同志伴侶關係研究**

姓名 _____　　是否已加入書香家族？ □是 □現在加入

電話（公司）　　　　　　（住家）　　　　　　手機

E-mail　　　　　　　　　　　生日　　年　　　月　　　日

地址 □□□

服務機構／就讀學校　　　　　　　　　　職稱

您的性別—□1.女 □2.男 □3.其他

婚姻狀況—□1.未婚 □2.已婚 □3.離婚 □4.不婚 □5.同志 □6.喪偶 □7.分居

請問您如何得知這本書？
□1.書店 □2.報章雜誌 □3.廣播電視 □4.親友推介 □5.心靈工坊書訊
□6.廣告DM □7.心靈工坊網站 □8.其他網路媒體 □9.其他

您購買本書的方式？
□1.書店 □2.劃撥郵購 □3.團體訂購 □4.網路訂購 □5.其他

您對本書的意見？
封面設計　　　　　　□1.須再改進　□2.尚可　□3.滿意　□4.非常滿意
版面編排　　　　　　□1.須再改進　□2.尚可　□3.滿意　□4.非常滿意
內容　　　　　　　　□1.須再改進　□2.尚可　□3.滿意　□4.非常滿意
文筆／翻譯　　　　　□1.須再改進　□2.尚可　□3.滿意　□4.非常滿意
價格　　　　　　　　□1.須再改進　□2.尚可　□3.滿意　□4.非常滿意

您對我們有何建議？

 ▲您的意見，我們將轉貼在心靈工坊網站上，www.psygarden.com.tw

廣 告 回 信
台北郵局登記證
台北廣字第1143號
免 貼 郵 票

心靈工坊
|PsyGarden|

台北市 10684 信義路四段 53 巷 8 號 2 樓
讀者服務組　收

免　　貼　　郵　　票　　　　　　　（對折線）

加入心靈工坊書香家族會員
共享知識的盛宴，成長的喜悅

請寄回這張回函卡（免貼郵票），
您就成為心靈工坊的書香家族會員，您將可以——

⊙隨時收到新書出版和活動訊息

⊙獲得各項回饋和優惠方案